杭州优秀传统文化丛书
Hangzhou Youxiu Chuantong Wenhua Congshu

元来如此繁华

周珺 著

杭州出版社

图书在版编目（CIP）数据

元来如此繁华/周珺著.-- 杭州：杭州出版社，2022.1
（杳州优秀传统文化丛书）
ISBN 978-7-5565-1697-1

Ⅰ.①元… Ⅱ.①周… Ⅲ.①杭州—地方史 Ⅳ.
① K295.51

中国版本图书馆 CIP 数据核字（2021）第 277671 号

Yuan Lai Ruci Fanhua

元来如此繁华

周 珺 著

责任编辑	萧 燕
装帧设计	章雨洁
美术编辑	祁睿一
责任校对	魏红艳
责任印务	姚 霖
出版发行	杭州出版社（杭州市西湖文化广场32号6楼）
	电话：0571-87997719　邮编：310014
	网址：www.hzcbs.com
排　　版	浙江时代出版服务有限公司
印　　刷	天津画中画印刷有限公司
经　　销	新华书店
开　　本	710 mm × 1000 mm　1/16
印　　张	14
字　　数	172千
版 印 次	2022年1月第1版　2022年1月第1次印刷
书　　号	ISBN 978-7-5565-1697-1
定　　价	58.00元

（版权所有　侵权必究）

序言

文化是城市最高和最终的价值

我们所居住的城市，不仅是人类文明的成果，也是人们日常生活的家园。各个时期的文化遗产像一部部史书，记录着城市的沧桑岁月。唯有保留下这些具有特殊意义的文化遗产，才能使我们今后的文化创造具有不间断的基础支撑，也才能使我们今天和未来的生活更美好。

对于中华文明的认知，我们还处在一个不断提升认识的过程中。

过去，人们把中华文化理解成"黄河文化""黄土地文化"。随着考古新发现和学界对中华文明起源研究的深入，人们发现，除了黄河文化之外，长江文化也是中华文化的重要源头。杭州是中国七大古都之一，也是七大古都中最南方的历史文化名城。杭州历时四年，出版一套"杭州优秀传统文化丛书"，挖掘和传播位于长江流域、中国最南方的古都文化经典，这是弘扬中华优秀传统文化的善举。通过图书这一载体，人们能够静静地品味古代流传下来的丰富文化，完善自己对山水、遗迹、书画、辞章、工艺、风俗、名人等文化类型的认知。读过相关的书后，再走进博物馆或观赏文化景观，看到的历史遗存，将是另一番面貌。

过去一直有人在质疑，中国只有三千年文明，何谈五千年文明史？事实上，我们的考古学家和历史学者一直在努力，不断发掘的有如满天星斗般的考古成果，实证了五千年文明。从东北的辽河流域到黄河、长江流域，特别是杭州良渚古城遗址以4300—5300年的历史，以夯土高台、合围城墙以及规模宏大的水利工程等史前遗迹的发现，系统实证了古国的概念和文明的诞生，使世人确信：这里是古代国家的起源，是重要的文明发祥地。我以前从来不发微博，发的第一篇微博，就是关于良渚古城遗址的内容，喜获很高的关注度。

我一直关注各地对文化遗产的保护情况。第一次去良渚遗址时，当时正在开展考古遗址保护规划的制订，遇到的最大难题是遗址区域内有很多乡镇企业和临时建筑，环境保护问题十分突出。后来再去良渚遗址，让我感到一次次震撼：那些"压"在遗址上面的单位和建筑物相继被迁移和清理，良渚遗址成为一座国家级考古遗址公园，成为让参观者流连忘返的地方，把深埋在地下的考古遗址用生动形象的"语言"展示出来，成为让普通观众能够看懂、让青少年学生也能喜欢上的中华文明圣地。当年杭州提出西湖申报世界文化遗产时，我认为是一项需要付出极大努力才能完成的任务。西湖位于蓬勃发展的大城市核心区域，西湖的特色是"三面云山一面城"，三面云山内不能出现任何侵害西湖文化景观的新建筑，做得到吗？十年申遗路，杭州市付出了极大的努力，今天无论是漫步苏堤、白堤，还是荡舟西湖里，都看不到任何一座不和谐的建筑，杭州做到了，西湖成功了。伴随着西湖申报世界文化遗产，杭州城市发展也坚定不移地从"西湖时代"迈向了"钱塘江时代"，气势磅礴地建起了杭州新城。

从文化景观到历史街区，从文物古迹到地方民居，众多文化遗产都是形成一座城市记忆的历史物证，也是一座城市文化价值的体现。杭州为了把地方传统文化这个大概念，变成一个社会民众易于掌握的清晰认识，将这套丛书概括为城史文化、山水文化、遗迹文化、辞章文化、艺术文化、工艺文化、风俗文化、起居文化、名人文化和思想文化十个系列。尽管这种概括还有可以探讨的地方，但也可以看作是一种务实之举，使市民百姓对地域文化的理解，有一个清晰完整、好读好记的载体。

传统文化和文化传统不是一个概念。传统文化背后蕴含的那些精神价值，才是文化传统。文化传统需要经过学者的研究提炼，将具有传承意义的传统文化提炼成文化传统。杭州在对丛书作者写作作了种种古为今用、古今观照的探讨交流的同时，还专门增加了"思想文化系列"，从杭州古代的商业理念、中医思想、教育观念、科技精神等方面，集中挖掘提炼产生于杭州古城历史中灵魂性的文化精粹。这样的安排，是对传统文化内容把握和传播方式的理性思考。

继承传统文化，有一个继承什么和怎样继承的问题。传统文化是百年乃至千年以前的历史遗存，这些遗存的价值，有的已经被现代社会抛弃，也有的需要在新的历史条件下适当转化，唯有把传统文化中这些永恒的基本价值继承下来，才能构成当代社会的文化基石和精神营养。这套丛书定位在"优秀传统文化"上，显然是注意到了这个问题的重要性。在尊重作者写作风格、梳理和讲好"杭州故事"的同时,通过系列专家组、文艺评论组、综合评审组和编辑部、编委会多层面研读,和作者虚心交流,努力去粗取精,古为今用,这种对文化建设工作的敬畏和温情,值得推崇。

人民群众才是传统文化的真正主人。百年以来,中华传统文化受到过几次大的冲击。弘扬优秀传统文化,需要文化人士投身其中,但唯有让大众乐于接受传统文化,文化人士的所有努力才有最终价值。有人说我爱讲"段子",其实我是在讲故事,希望用生动的语言争取听众。今天我们更重要的使命,是把历史文化前世今生的故事讲给大家听,告诉人们古代文化与现实生活的关系。这套丛书为了达到"轻阅读、易传播"的效果,一改以文史专家为主作为写作团队的习惯做法,邀请省内外作家担任主创团队,组织文史专家、文艺评论家协助把关建言,用历史故事带出传统文化,以细腻的对话和情节蕴含文化传统,辅以音视频等其他传播方式,不失为让传统文化走进千家万户的有益尝试。

中华文化是建立于不同区域文化特质基础之上的。作为中国的文化古都,杭州文化传统中有很多中华文化的典型特征,例如,中国人的自然观主张"天人合一",相信"人与天地万物为一体"。在古代杭州老百姓的认知里,由于生活在自然天成的山水美景中,由于风调雨顺带来了富庶江南,勤于劳作又使杭州人得以"有闲",人们较早对自然生态有了独特的敬畏和珍爱的态度。他们爱惜自然之力,善于农作物轮作,注意让生产资料休养生息;珍惜生态之力,精于探索自然天成的生活方式,在烹饪、茶饮、中医、养生等方面做到了天人相通;怜惜劳作之力，长于边劳动，边休闲娱乐和进行民俗、艺术创作，做到生产和生活的和谐统一。如果说"天人合一"是古代思想家们的哲学信仰，那么"亲近山水，讲求品赏"，应该是古代杭州人的生动实践，并成为影响后世的生活理念。

再如，中华文化的另一个特点是不远征、不排外，这体现了它的包容性。儒学对佛学的包容态度也说明了这一点，对来自远方的思想能够宽容接纳。在我们国家的东西南北甚至是偏远地区，老百姓的好客和包容也司空见惯，对异风异俗有一种欣赏的态度。杭州自古以来气候温润、山水秀美的自然条件，以及交通便利、商贾云集的经济优势，使其成为一个人口流动频繁的城市。历史上经历的"永嘉之乱，衣冠南渡"，"安史之乱，流民南移"，特别是"靖康之变，宋廷南迁"，这三次北方人口大迁移，使杭州人对外来文化的包容度较高。自古以来，吴越文化、南宋文化和北方移民文化的浸润，特别是唐宋以后各地商人、各大商帮在杭州的聚集和活动，给杭州商业文化的发展提供了丰富营养，使杭州人既留恋杭州的好山好水，又能用一种相对超脱的眼光，关注和包容家乡之外的社会万象。这种古都文化，也代表了中华文化的包容性特征。

城市文化保护与城市对外开放并不矛盾，反而相辅相成。古今中外的城市，凡是能够吸引人们关注的，都得益于与其他文化的碰撞和交流。现代城市要在对外交往的发展中，进行长期和持久的文化再造，并在再造中创造新的文化。杭州这套丛书，在尽数杭州各色传统文化经典时，有心安排了"古代杭州与国内城市的交往""古代杭州和国外城市的交往"两个选题，一个自古开放的城市形象，就在其中。

"杭州优秀传统文化丛书"在传统和现代的结合上，想了很多办法，做了很多努力，他们知道传统文化丛书要得到广大读者接受，不是件简单的事。我们已经走在现代化的路上，传统和现代的融合，不容易做好，需要扎扎实实地做，也需要非凡的创造力。因为，文化是城市功能的最高价值，也是城市功能的最终价值。从"功能城市"走向"文化城市"，就是这种质的飞跃的核心理念与终极目标。

2020年9月

（单霁翔，中国文物学会会长）

千里江山图（局部）

目　录

元代杭州：世界的天城

002　去中国不可不去天城

012　天城为何如此富有

034　纵有丹青下不得笔

051　夜天城夜天堂

064　全国文化名人下杭州

明代杭州：休闲之都

078　天下白银打造的城池

086　从西湖房产说到杭州经济

101　杭州专心滋养学霸

110　文创城为天下送书

122　三言二拍里的杭州休闲生活

清代杭州：人文渊薮

136　跟着乾隆皇帝巡杭州

151　杭州织造局的丝绸与秘密

160	从龙井茶到全国茶叶贸易重地
170	兴盛的清代杭州慈善业
184	江南人文大本营
198	新时代前的现代教育和思想启蒙

元代杭州：世界的天城

去中国不可不去天城

梗概：元朝，江浙行省辖区包括今天的浙江省、福建省、上海市全部，江苏和安徽的长江以南部分，江西的上饶地区，作为当时的经济重心，负担了元朝约三分之一的商税。杭州虽然从国都降为省会，但是其经济在元朝东南地区仍然首屈一指，"东南第一州"的地位无可撼动。

随着元帝国大一统局面形成，地处南北大运河南端的杭州成为南北方经济文化交流的枢纽，乃至海上丝绸之路通往帝国首都和腹地的重要接入口和中转站，于是涉入亚非欧三大洲的世界格局中，迈向国际化都市行列。

准备嫁给伊儿汗国可汗的阔阔真公主，途经杭州，在运河看到盛况空前的船市，决定好好考察一番国际大都市——杭州的经济。

13世纪末，忽必烈时代。

一位卜鲁罕部的蒙古公主正从大都（今北京）出发，前往四大汗国之一的伊儿汗国，准备嫁给伊儿汗国可汗阿鲁浑。这位高贵的公主带着侍者和来自伊儿汗国的几位使

杭州西湖边的马可·波罗塑像

者，跟着威尼斯商人马可·波罗，一路前进，从运河直往杭州。

这一时期，蒙古人的铁骑早已经踏遍亚欧大陆，征服了无数国家和民族。成吉思汗死后，他的几个儿子将蒙古帝国划分为好几个汗国，而元朝则是他们的宗主国。四大汗国虽然独立，但彼此间还是有很多联系。其中伊儿汗国可汗阿鲁浑婆的妃子必须是卜鲁罕部女子。当年的伊儿汗国面积很大，包括今天的土耳其和叙利亚东部、伊朗、伊拉克、土库曼斯坦、阿富汗、巴基斯坦西部等国家和地区。

于是，阔阔真公主成为中国历史上嫁得最远的公主。

现在，他们的船队正在运河上航行。十艘大船呈一字排列，一艘大船在前面开路，两艘大船左右护卫。阔阔真公主站在中间一艘城堡式的大船上面，风吹拂着她的秀发,她心爱的白马站立在一旁。一路上,阔阔真公主除了学习波斯语、汉语和意大利语,也在熟悉中国的一切。护送公主的马可·波罗这时候也是思绪万千。

因为路途上遇到战乱,这队人马曾一度返回大都,这使得他们的行程更加紧迫。船队沿着大运河,朝着南端的杭州城驶来,然后前往泉州,从泉州的港口出发,沿着海路到伊儿汗国。但是到底在杭州停留几天?这让大家犹豫不决。曾游历过杭州的马可·波罗一直对这座城市魂牵梦绕,向公主进言,说杭州是世界上最美丽华贵的天城,"杭州是江浙行省的省治城市,其繁华风貌其他城市难以比拟,很值得去看看。再者,此次随行的有伊儿汗国的使臣,带他们领略领略江南风光,也算是尽地主之谊了"。

"江浙行省的省治不是扬州吗?"

"公主有所不知,扬州是原来的江淮行省的省治城市。至元二十八年,江淮行省以长江为界,分为了河南

运河桥下马可·波罗桥绘

江北行省和江浙行省，江浙行省即以杭州为省治。也是因为杭州交通上的优势，不仅有大运河，还有更方便的海路。"

"原来如此。江浙行省如今是个什么光景呢？"公主好奇地问。

"这江浙行省是东南大藩，下辖着最富饶的地区。"

"那江浙行省的省治城市杭州有多繁华？"公主打破砂锅问到底。

"在前朝时，与汴京相比，十倍有余。现在只会更胜从前。"

马可·波罗拿出地图，让两个丫鬟展开，站在一旁解说："杭州地处水陆交通网络的中心。先说陆路，如今驿站遍布，东北到奴儿干，北达吉利吉思部落，西南可至乌思藏宣慰司辖境。而杭州是这四通八达、天罗地网般驿道之枢纽所在。再说水路，对内，杭州位于大运河的南端，朝廷近年来整修运河，各河道之间通行便利更胜从前，加之运河沿岸设有站点，可以提供食宿；对外，也就是海路，杭州是一个大港口，洋商往来不绝，异域人士定居杭州已是屡见不鲜。"

"听您这么说，这杭州既是省治城市，还相当富饶，交通往来也很便利，还真是非去不可了！"公主的贴身侍女羚儿说道。

马可·波罗连连点头，但主张径直前往泉州的人私下颇有微词。因为阔阔真公主赶赴伊儿汗国这一路遭遇战乱，曾经折返，所耗时间太久了。

这时，船队暂时泊在了岸边。这是通往杭州的必经之地，当地人称此地为"船市"。从停泊在此的船只数量和规模，就可以想象运河南端杭州城市的繁荣。

公主对这运河上独一无二的船市好奇得很。她召来使者和侍从，令他们以两个时辰为限，各自上船找一物件，能让自己决定是否在杭州城里停留。所取物品必须出自船市，不得徇私舞弊，为公平起见，公主派贴身侍女做监察。

两队人马很快出发，两个时辰之后都回来了。双方都两手空空回来，但原因各不相同。主张直接去泉州的一派辩解道："这通往杭州的船，哪里找得到泉州的东西？"而主张在杭州停留的一派却说："臣要向公主展示的东西没法带回来，这东西只能公主亲自前去才能看见。"两边人马又闹起来，公主最头疼他们吵个没完，拍板说："去看看也好，整天闷在船上也无趣得很。"

于是公主就带着众人逛船市。马可·波罗和伊儿汗国使者也一路随行。

众人进入船市，眼前所见哪能是三言两语或者几个小物件能比拟的呢？船只和船只有序排列，横平竖直，靠踏板连接在一起。全是三层大船，最下面一层开铺做买卖，各种香料、绸缎、珠宝、瓜果蔬菜。有的铺子物品琳琅满目，有的铺子专卖酒。金银交引铺、百衣铺、胭脂铺、漆器铺等等挤在一起，简直让人看花眼。

马可·波罗虽然到过南方，也见过在河上做交易的船，但这般规模的却不曾见过。船市上的一位书生告诉马可·波罗："这船市是仿集市而设，虽然有几分集市的味道，但还是差远了。杭州城里才是市井骈集，人物繁盛。"

"不错，我记得从梅家桥到白洋湖、从方家桥到法物库市舶前那一片有很多租赁给人开铺和寄放货物的地方，现在还在吗？"马可·波罗问。

"还在，那片地方热闹极了。"书生答道，"夜市往往四更才歇下，五更早市就开了，不仅白天熙攘，晚上也同样热闹，所以面食店铺通宵达旦开门做生意呢。"

一旁的侍女羚儿听完，挑了挑眉，问："真有这样繁盛吗？做买卖、开商铺的人有那么多？"

公主在一旁回道："我朝很注重商业的发展，许多大臣都有自己的生意，说不定这里有一条船就是他们的。"

纵观历史，元朝可以说是非常重视商业的时代，帝王将相都愿意做买卖，就连皇后也有自己的商船。元统年间（1333—1335），就有中书省臣请发两艘船下番为皇后营利的事情。

"这大运河上，都是哪些货物在流传，这些货物又是怎么买卖的？"公主很是疑惑。

"大汗对许多商品进行垄断，垄断形式不同。部分金、银、铜、铁、盐，由官府直接经营；茶、铅、锡，由官府卖给商人经营；酒、醋、农具、竹木等，由商人、手工业主经营，官府抽分。贵族、官吏和寺院依靠手中的特权，也从事经商活动。"马可·波罗开始为公主一一解答。

"这样多的货物买卖，都是如何收取工商税的呢？"

"由官府直接经营的盐税占比最大,年盐课收入达两百万锭左右,对国家收入贡献极大。再就是商税,商税实际上是一种交易税。粮食、牲畜、房屋、土地买卖,都要交纳商税。那些拥有上千工场的十二种工匠,以及在大都和内地往来买卖的商人、海外商旅大概要支付三分三厘的税,本国的一切土产,如家畜、农产品和丝绸等都要向君主纳税。"

马可·波罗见公主听得认真,接着说:"其实在前朝时,杭州的经济就已经很繁华了。大汗这几年重视运河修整,南北航运逐渐连通,各地物资流通更加便利。在运河拓开的水路下,杭州可以说是如虎添翼。此外,大汗一统天下,杭州也沾光不少。想想前朝时杭州再繁华,毕竟只占据南方。如今南北统一,舟车无所不至,人力无所不通,水马站遍布天下。有这样强有力的靠山,杭州想不再次腾飞都难。"

"船市虽小,从中却可见杭州的繁华不仅仅在某一个方面,而是全面开花,让人不佩服都不行。"伊儿汗国使者说道。

不多时,船市渐渐散了,一行人依次通过狭隘的关口。公主回到船上立即赏了主张让她去船市看看的那人。这时,众人知道公主铁定要在杭州城里好好考察一番了。

随着忽必烈远征,元朝与东南亚诸国到印度西南端的马八儿(故地在今印度东南本内尔河以南)间的海湾国家建立正式关系,连伊朗的忽里模子(故地在今伊朗东南部)和波斯湾的海上交通都纳入管理。"海洋时代"开始形成,大陆和海岸两条路线连接,形成环绕欧亚大陆和非洲北部及东海岸的交通体系,也可以称为"世界贸易圈"。到了忽必烈统治的末期,元朝的势力范围达到了顶点，真正成为了陆海超级大国。

经过忽必烈一朝，元朝建立起了世界史上罕见的新型超级大国，其结果是促进了包括欧亚大陆和非洲在内的前所未有的国际通商以及人员和物资的交流。到了14世纪，元帝国一经实现相对和平，便进入规模空前的超地域和平共处和跨国大交流的时代。

元朝的杭州，身处"世界贸易圈"，在非欧、欧亚经济文化的交融中，作为国际都市的历史就此开启。

参考文献

1.〔意〕马可·波罗：《马可·波罗游记》（第2版），梁生智译，中国文史出版社，2008年。

2.桂栖鹏等：《浙江通史·元代卷》（第6卷），浙江人民出版社，2005年。

3.〔宋〕耐得翁：《都城纪胜》，《武林掌故丛编》影印本。

4.鲍志成：《元代杭州：一个国际性都会》，《杭州师范学院学报》1992年第4期。

5.许蓉：《〈马可波罗游记〉和13世纪末的杭州》，《台州师专学报》2001年第2期。

6.〔宋〕吴自牧：《梦粱录》，文渊阁《四库全书》影印本。

7.李晓娟：《元代杭州的商业经济》，《江苏商论》

2004年第3期。

8. 赵冉、赵亮：《浅析元代经商者的身份与阶层划分》，《中国市场》2010年第44期。

9. 〔明〕宋濂等：《元史》，中华书局，1976年。

10. 刘政：《元代商业繁荣及其原因》，《南京林业大学学报》（人文社会科学版）2010年第3期。

11. 申友良：《〈马可·波罗游记〉里的元初商业文化》，《社科纵横》2015年第5期。

12. 〔元〕陈大震、吕桂孙纂修：《大德南海志》，影印本。

13. 〔明〕田汝成：《西湖游览志》，文渊阁《四库全书》影印本。

14. 〔元〕魏初：《青崖集》卷三《山庄雅集图序》，文渊阁《四库全书》影印本。

15. 〔元〕许衡：《鲁斋遗书》，文渊阁《四库全书》影印本。

16. 〔宋〕舒岳祥：《阆风集》，文渊阁《四库全书》影印本。

17. 〔元〕钟嗣成等：《录鬼簿》，上海古籍出版社，1978年。

18. 韩波：《元代名士胡衹遹研究》，黑龙江大学出版社，2017年。

19. 陈高华等点校：《元典章》，中华书局、天津古籍出版社，2011年。

20. 廖奔：《中国古代剧场史》，中州古籍出版社，1997年。

21. 杨镰主编：《全元诗》第62册，中华书局，2013年。

22. 〔元〕关汉卿、〔元〕马致远、〔清〕洪昇：《窦娥冤　汉宫秋　长生殿》，时代文艺出版社，2003年。

23. 王忠诚编著：《宋诗名篇注释》，中国华侨出版社，2010年。

24. 翁卫军主编：《杭州简史》，杭州出版社，2016年。

25. 石俊：《浅析元代陆上丝绸之路之繁盛——以新疆地区考古发现的瓷器为引》，《文物鉴定与鉴赏》2019年第19期。

26. 黄宽重：《交游酬唱：南宋与元代士人的兰亭雅集》，载《唐宋历史评论（第二辑）》，社会科学文献出版社，2016年。

27. 陈婷婷：《从"北人南下"到南人北游看元代南北文学新变》，《文教资料》2016年第1期。

28. 张敏杰：《元代浙江的基督教》，《浙江学刊》1982年第3期。

29. 张冰冰：《"世界的天城——元代杭州研究论坛"综述》，《中国史研究动态》2011年第4期。

30. 晏锦茹：《元代商业发展与元杂剧的创作》，《文教资料》2019年第21期。

31. 孔杰斌：《元代杭州杂剧作家群研究》，广西师范大学硕士学位论文，2008年。

32. 吴晟：《试论瓦舍文化的商业性与娱乐性》，《江西师范大学学报》2000年第3期。

33. 东方晓：《南宋临安的瓦市》，《宜宾师专学报》1998年第1期。

34. 林正秋：《南宋定都临安原因初探》，《杭州师范学院学报》（社会科学版）1982年第1期。

35. ［日］杉山正明：《疾驰的草原征服者：辽　西夏　金　元》，广西师范大学出版社，2014年。

天城为何如此富有

梗概：蒙古人四处征战，使元代得以构建空前发达的中外海陆交通网络，海外贸易空前发展。元代杭州是东南地区最大的都会，也是国家财赋和外交的重镇。首先，元代杭州官私手工业规模都很大，当时特别设立专门管理机构。据马可·波罗的记载：杭州有12种职业，涉及丝绸、纺织、粮食加工等行业。元朝进行对外贸易的市舶机构高峰时多达7处，其中6处在江浙行省内。杭州当时拥有柳浦、西兴和澉浦三大对外贸易港口，从而成为外商、使臣、商船集散中心。

阔阔真公主手下使者独自考察杭州的瓷器业、丝绸业、粮运业以及金融业现状；同时，公主到杭州的消息被当地富商得知，他们邀请公主参加晚宴。晚宴上，在与官员和富商交流中，公主全面了解了杭州这座国际化大都市的繁荣景象。

船队终于在杭州靠岸了，等一切整顿好，夜已经很深了。公主下令休整一夜，次日深探这天城的真面目。

第二天一大早，航行了数月的船队还在疲惫地沉睡中，有两个人按捺不住好奇心早早地踏上了杭州的土地。

他们就是巴特尔和阿古达木——伊儿汗国国王阿鲁浑派来迎娶阔阔真公主的两名使者。在南行的路上，关于杭州这座城市的话题总是不时地出现，每一次都让杭州的形象在他们脑海里更加完整。这两人对众人描述中杭州的繁华富庶心向往之，等不及众人打点妥帖一齐出发，他们就先动身了。

要说杭州的繁华，与运河的通航有很大关系。那时自北新关至武林门，居民稠密，在南宋绍兴年间（1131—1162）就是一个商贾聚合、货物辐凑的集市。后来，运河通达此处，货船由此进出，人烟愈渐密了。再就是依托澉浦港。澉浦港距离杭州几十公里，位于钱塘江江入海口，是杭州的对外贸易港。该港口是商业往来冲要之地，船只从钱塘江驶向澉浦。这极大地滋养了杭州的经济。

现在巴特尔和阿古达木出发，实地考察杭州究竟是怎么个繁华的模样。

两人在街上晃来晃去，形形色色的人、车、马、物，几乎让他们不知从何下手，进了东家，又觉得西家甚好，于是便求助了一位店主。店主告诉他们城内有药市、米市、花市、肉市、菜市、珠子市、鲜鱼行、南猪行、北猪行、布市、蟹行、花团、青果团、柑子团、鲞团、书房诸市。实际上杭州当时的市行肯定不止这些，它们分别散布在城市各处。

这位店主话匣子打开了就没个完，不等他们再问便一个劲往外抖搂杭州的好，生怕别人不知道。原来杭州这地界商品的花样多得没法数，进进出出的货物流量很大。单说从杭州往外走的，有农产品和手工业产品两种：农产品主要是谷米，手工业产品主要以丝织品、瓷器、陶器、生活用品为主。再就是从五湖四海来到杭州的货物，有两三百种，主要是珍宝、香料、药材和原材料。

"早就听说杭州的瓷器和丝绸名扬天下。"巴特尔点头说道。

瓷器和丝绸都是元朝知名的外销产品。首先是瓷器。摩洛哥旅行家伊本·白图泰曾说瓷器的价格在中国，如陶器在他本国一样或者更为廉价。并且中国瓷器是瓷器种类中最好的。中国瓷器输出到世界各个国家，囊括整个东南亚地区，西亚的沙特阿拉伯麦加、波斯湾东北岸哈里勒角和伊朗卡伊斯岛，跨越印度洋直到非洲西北部。发达的瓷器贸易甚至要盖过丝绸的风头了，因此丝绸之路又叫瓷器之路。这些走海上丝绸之路的商船时不时会沉没，后世总能在沉船中发现大量瓷器。如在

杭州出土的
青花瓷观音像

南宋"南海一号"上发现了大量的龙泉窑、景德镇窑的瓷器。在打捞起来的元代商船上发现了许多龙泉窑、吉州窑、官窑等窑场的瓷器。也许，在巴特尔和阿古达木经过的地方也有沉船，只是历史还不曾让它们显露于人前。

"不过，瓷器易碎易赔本，两位还是做些粮食买卖为好。民以食为天，再怎么样都不至于血本无归。粮食买卖在杭州也做得，江浙是产粮区，每年都有大批粮食进行买卖。朝廷不仅每年从中原和江南转运官粮，还以优厚的价格鼓励商人贩粮到上都，许多富商大贾都争先抢运。江南粮食富余，大都都仰仗我们运粮呢！粮食的品种也很多，主要有谷、豆、麦、米四种，每种粮食品质不同价格便不同。谷有红谷、糯谷等，豆有黑豆、赤豆等等，麦有小麦、大麦，米的种类则更多……"店主滔滔不绝。

阿古达木觉得他再不停止可能就要讲到种庄稼的技术了，忙打断了他。巴特尔见店主把自己当成一般的商贩，心里不满，故意亮出手里鼓鼓的荷包。店主看见连忙叫小二来献茶。

"我们对粮食不太感兴趣。"巴特尔说。原来他被杭州大街小巷里行人身上的绸锦衣衫迷住了。

店主顺着他的眼神看过去，心领神会："你们可以去丝绸铺子看看，那里是杭州最繁华的所在，来了杭州不买两匹丝绸可算是白来了。"

两人决定听老板的，巴特尔请店主帮忙雇了辆马车，两人朝杭州最繁华的商业地带去了。

到了地方，两人见到眼前光景，都觉得来对了地方。丝绸铺子一家挨着一家，有挺阔轩昂的，也有当街支起小摊兜售的。到了这儿，许是周围环境衬的，两人发现来来往往的大多数人都穿着丝绸衣服，街上来往的车子四周也挂满了绸幔。两人略看了看，一致选定了一家十分气派的铺子走了进去，不懂装懂地胡乱买了几匹看起来上好的丝绸。店小二见两人来头不小，便把掌柜的叫了来。掌柜的带二人到一旁坐下，沏了茶，问道："二位是来做买卖的？"

"不错，我们俩从伊儿汗国来，想倒卖些丝绸回国，发点小财。"巴特尔说。

"那二位来杭州采购丝绸可是来对地方了。杭州是江南丝织业的中心，前朝的时候，官方经营的绫锦院雇了几千个工匠，拥有织机好几百张，还有文思院、织染所等。不过这是专门负责贡品的，据说皇帝每年赏下去七八万匹呢。本朝至元十六年，朝廷在杭州设了文锦局、织染局，陛下命令江浙行省一年要织造缯缎十万匹进贡，其中大部分肯定是咱们杭州织造的。十万啊，光听这数字你就知道杭州的厉害了。"没想到丝绸铺子的掌柜也是一个话匣子，"我们这儿蚕茧缫丝业和丝绸业都很发达。先说蚕茧缫丝业吧，西湖淤积，舟船难行，苏堤以西几乎全部种了桑树，成了桑田。除了西湖，杭州其他地方的桑树种植面积也很广，常能看到桑树和榆树、柳树长在一起。还有就是朝廷的夏税在江南多征丝，小家小户的不得不养蚕缫丝啊！其实我们丝织业比缫丝业更发达，有高丽人称赞咱们这儿的丝绸经纬相等。咱们这儿的丝绸品种多，花色也多，像并蒂莲、细花间鸾凰、鸳鸯等等，多了去了。因此，杭州许多经营丝绸的铺子白天黑夜地迎来送往。"

"咱们哥俩外行得很,烦您细说说。"

"行,二位喝茶,我拣最主要的给两位客官介绍介绍。先说品种,不得不提的有这几种:绫、罗、锦、缂丝、杜缂、鹿胎、透背、①纱、绢、绸。绫又分柿蒂、狗蹄,罗又分结罗、熟罗和花素,锦以绒背为佳,杜缂又叫'起线'。丝有许多颜色,织金、闪褐等等。除此之外还有绮、绸、绵、绉等。"

"这么多品种,我们哥俩都不知道入手哪些?"

"看您卖给谁了。这丝织品也有好赖之分。相对而言,

①缂丝,又作克丝、刻丝,有花、素两种,是一种用通经断纬的方法所织的织物。杜缂,《咸淳临安志》作"杜缂"。鹿胎,《咸淳临安志》言"鹿胎,次者为透背,皆花纹突起,色样不一"。

与元人一般穿着不同质地的服饰

绸、缎、绢、绵、锦是普通的，绮、绫、纱、罗、绉较优，鹿胎、透背更优。当然，每个品种也看工艺繁简程度，工艺越复杂，相对更优。"

"您店里都有吗？"巴特尔问道。

"上好的鹿胎、透背少了些，其他都有。"老板说。

两人在这家店里买了满满一车，拿出随身准备的金子付了账。老板见他们随身带着大笔钱财，便建议他们去平准库换些纸币，携带更加方便。两人考虑到还要去其他市场逛，金银带着累赘得很，便由老板引着到了平准库。老板还告诉两人，要兑至元通行宝钞，不要兑中统元宝交钞："至元十三年中统元宝交钞造得太多，贬值得厉害，这种钞不值什么钱的。二位别被忽悠了。"

两人对店家连连道谢，巴特尔对同伴说幸好遇见这善人，少走了不少弯路。他们到了平准库打算兑大额的纸币，旁边正在等待兑换钞票的人拦住了他们，说道："你们怎么兑这样大数额？"

"纸币不是法定流通的货币吗？按照钞法，全国各地都要用纸币流通的。"

"你们是不是被哪个店铺老板推荐来的？这些店铺老板常和平准库管事的串通好，忽悠人来兑钞。"

三人又扯了些闲话，原来这人也是来自伊儿汗国，他们便向同乡打听原委。同乡告诉他们："虽说朝廷确实下了这样的命令，但也难做到令行禁止。有些地方根本就没有使用纸币，有的以盐为币，有的以盐块和金条为币，有的以海贝为币。民间用金银代替纸币的现象很普遍。"

"这是为什么？纸币难道不是更利于流通吗？"巴特尔问。

"纸币确实更易于流通，但是自大汗推行中统钞法到至元二十一年，已经出现了'物重钞轻'的情况，百姓们还是更相信实实在在的金子和银子。你们可别上当，实在需要纸钞，可以找银匠换些，可不要大额兑换。"

"银匠？"巴特尔又问。

"不错，金银铺子除了做金银买卖，还可以兑换货币。兑换价格一般比官府定的价格低。不过这是不走明路的，没有门路瞎摸乱撞可找不到。如果你们二位有意向，我可以带你们去看看。"

"那就……"巴特尔话刚出口就被阿古达木打断了，阿古达木接着他的话说道："那就不麻烦大哥了，我们哥俩决定不换纸钞了。"

其实，纸钞虽受到百姓们的冷遇，但对杭州的繁荣来说，它是功不可没的。首先，纸币的发行使得商品交易更加便捷，并且满足了巨大的交易量对货币的需求。其次，纸币制造简单，用料节省，相比金属货币更加易得，不会短缺，更不会因此影响商品交易。最后，统一的纸币有利于跨地区商业活动，南宋虽有纸币，但不统一，比较混乱，此时的纸币则规避了这一点。总之，纸币是杭州繁盛的一大助力。

阿古达木率先走出人群，巴特尔跟上，心想还好刚才阿古达木打断了自己，刚被人半真半假地诓了，没长一点记性，还是阿古达木谨慎。

接下来，两人因下一站去哪儿产生了分歧，巴特尔想去清泰门看看盐市，他早就听说杭州许多人都争抢着做盐买卖，这可算不上道听途说，毕竟后人感叹："人生不愿万户侯，但愿盐利淮西头。人生不愿万金宅，但愿盐商千料舶。"阿古达木却对船更感兴趣，他认为水上交通对杭州的发展来说可谓举足轻重。这也在理。

这两人争得不可开交，浑不知自己外地人的身份被一旁的男孩识破了。这男孩走上前，一副可怜兮兮的样子，说自己是为斡脱①商人跑腿的小厮，替他收账，可欠钱这家人一穷二白，加上羊羔利儿太多，不得已只有卖掉女儿。这孩子实在于心不忍，可苦于囊中羞涩，想帮助他们却有心无力。他请求阿古达木和巴特尔救那母女的急。阿古达木表示眼见为实，若确有其事，必救那母女。这男孩将两人引到码头，只见人潮拥挤，摩肩接踵，不一会儿就不见男孩人影了。两位使者人生地不熟的，找不到这小男孩，再回头一看，连那装丝绸的车子也不见了踪迹。难道两人着了什么道了？

正惶惶然，公主领着侍女羚儿、护卫吴恭和马可·波罗来了，随行的还有一位当地官员。原来公主早吩咐人跟着保护两位使者，因此对他们的行踪很了解。

那官员当即安慰两位使者，赶车的没跟上他们，正在一家面店休息，已经派了小厮去告知那两位赶车的："放心吧，在杭州是非常安全的，没人敢轻易动那一车丝绸。"

一位随行的市舶司官员为他们介绍："朝廷在杭州设置了市舶司，专门管理海外贸易，因为杭州是重要的

---

①斡脱，即斡脱户，据《元典章·户部三·户口条画》载，指"奉圣旨、诸王令旨，随路做买卖之人"。

海外贸易港口，这里有柳浦、西兴、澉浦诸港。"

确实，江南最繁华的都市杭州，是元代最大的舶货聚散地，政府在此设有市舶仓库，专门贮存从各地转运来的舶货。杭州本身也是最大的舶货消费城市。至元二十一年（1284）被辟为经营"官本船"贸易的口岸。为发展海运，杭州各市集后面和大街并行的，有一条很宽的河，在河的近边上面造有大的石头货栈多所，所有由印度和别处来的商人，皆把他们的货物放在那里，好预备交到近旁的各市集去。

市舶司官员还特别在公主面前举例道："高丽朝廷都派官员航海到杭州，商谈贸易事宜，我们也尽力接待了。"

"这么多船只，想必运送的货物不在少数吧？"公主说。

"不错，我朝对外贸易中出口的货物有一百多种，这一百多种又可分为七大类型：第一种纺织品，有丝织品和棉纺织品两种，丝织品又有绫罗匹帛、南北丝、建宁锦、苏杭五色缎等，棉纺织品有小印花布、五彩花布、青布、海南布、五色布等。第二种陶瓷器，如粗碗、青白花碗、青白处州瓷器、瓷器盘、青白花瓷器、大小水罐等。第三种金属及其制品，如金、银、铜、铁、铜线、铁器、铜鼎、铁条、铁锅等。第四种药物，如川芎、朱砂、大黄、良姜、白芷等。第五种农副产品，如谷米、酒、茶叶、荔枝、盐、糖等。第六种日用小商品，如牙箱、伞、针、木梳篦等。第七种是大家都想不到的文化用品，如纸札、书籍和阮、琴、鼓、板、瑟等乐器。"

公主身边的侍女和护卫听到这，忍不住笑了，窃窃私语："这个官老爷怕是说书的出身，说起这些货物都不带喘气的。"

公主也是忍俊不禁，道："那么多货物都在杭州港口的出口范围内吗？"

"大部分是的，毕竟杭州是江南一带最繁华的都市，是我朝最大的舶货聚集地，能储存从各地运来的舶货。除此之外，杭州本身也是最大的舶货消费城市，仅仅是胡椒，每日就会消费四十三担左右。"

"海外贸易为什么会如此发达？"一旁的使者巴特尔疑惑极了。

"第一，我朝航海业很发达，与前朝相比也是有过之而无不及的。当今陛下的英明决策是'往来互市，各从所欲'，所以朝廷颁布的市舶法则中专有保护外商合法权益的条款，对于因暴风雨袭击或其他意外事故漂至东南沿海的商船，我朝一律会给予人道救援。杭州自然也不例外。有这等保护政策，故各国商家都愿意和我们做生意。第二，杭州有重要的海港，自然占了地理位置的优势。第三，就是造船业发达。"

"难怪海外贸易如此繁盛，这样好的条件，换作我也愿意做这样的买卖。"巴特尔感慨道。

"我朝确实有许多人投身海外贸易，有'入海如登仙'的说法呢。"

马可·波罗听此连连赞叹："果然是名副其实的天城，四方往来聚集之地。不仅货物在此处集散，就是外交往来也络绎不绝。百闻不如一见，不虚此行！不虚此行！"

元朝时期，中国的航海水平已经达到了新的高度。当时马可·波罗专门考察了中国海舶："各有船房五六十所，商人皆处其中，颇宽适"，"有二厚板叠加于上……然用麻及树油掺合涂壁，使之绝不透水"，"每船舶上，至少应有水手二百人，盖船甚广大，足载胡椒五六千担"。《伊本·白图泰游记》云："当时所有印度、中国之交通，皆操之于中国人之手。中国船舶共分三等……大船有三帆，以至十二帆"，"大船一只可载一千人，内有水手六百人，士兵四百人"，"此类商船皆造于刺桐（泉州）、兴克兰（广州），每船皆四层，公私房间极多……无不设备周到"。

当时阿拉伯航海术非常发达，就是在元代传入中国的，受到朝野普遍欢迎和高度重视。元朝政府曾动用中书省权力，下令各地搜集阿拉伯航海资料。"至元二十四年（1287）二月十六日，奉秘监台旨，福建道边海行船回回每有知海道回回文刺那麻，具呈中书省，行下合属取索者。奉此。"所谓"刺那麻"，据考证，就是阿拉伯航海地图或手册。阿拉伯航海术的传入，进一步推动了我国航海事业的发展。

元朝的对外开放不仅继承并完善了唐宋以来的政策，还在政治上加强了与海外诸国的联系，在经济上积极开展海外贸易，使海上丝路进入鼎盛时期。

元朝与海外诸国建立了广泛的外交关系，各种文献中记录的与元朝有联系的国家和地区达200个以上，远达非洲东北部沿海地区。元朝与伊儿汗国之间的交通往来常常利用海路，例如勃罗奉命出使伊儿汗国，经海路至忽里模子，然后经陆路北上。元代航海家杨枢率"官本船"航行至印度和波斯湾从事贸易，回国时伊儿汗合赞遣使者那怀等人随同赴元，杨枢又送其归国，后再次航海至忽里模子贸易。印度是中西间海上交通线上的中继站，连波斯湾的海上交通都纳入管理。

此外，元朝与非洲之间的海上交通也进入新时期。航海家汪大渊乘海舶出洋游历，到访了东南亚、南亚以至东非的许多地方。非洲摩洛哥人伊本·白图泰先到印度德里，德里苏丹派他出使元朝，他大约于1346年抵达泉州。元人绘制的地图上已有非洲大三角，说明元代人对非洲地理形势已有较多了解。

正是这样的外交关系，元朝人的"海洋时代"开始形成，大陆和海岸两条路线连接，形成环绕欧亚大陆和非洲北部及东海岸的交通体系，也可以称为"世界贸易圈"。身处"世界贸易圈"的杭州，作为国际都市的历史也就此开启。

话说公主等一行人由市舶司的官员领着往回走，突然一个商人模样的人出现，拦住了去路。护卫吴恭忙上前，没想到商人递给他一封请帖，原来当地有位丝绸富商听说公主和使者驾到，特别设了宴，请政府官员、公主、使者及随侍从人员赏脸赴宴。

众人纳闷，再一细问，原来两位使者因为兑换纸币见到了老乡，阿拉伯商人是何等精明，一问就知道是陪同公主的使者到了，想必公主也到了杭州城。阿拉伯商人哪里会轻易放过这个大好机会，忙赶着过来结交。

公主正愁没处考察杭州当地阿拉伯富商的日常生活，当下便答应，回话必定按时赴约。

晚上，一行人收拾妥帖，护卫吴恭和侍女羚儿在公主的一左一右，两位使者随后，马可·波罗在队末，几人在主人及其宾客的簇拥下入座。

公主打眼一看，就知道这富商人脉甚广。在座的客人面貌血统可谓天南海北，有中亚人、西亚人，甚至还有欧洲人。他们一会儿说汉语，一会儿用各自的语言，交流起来竟然毫无障碍。公主知道北人南迁，许多在杭州的蒙古人懂汉语，却不曾想过会有眼前这样的景象。不过想来杭州海外贸易这样繁盛，来华商人想必都会多门语言。

除了外商，还有一些人神色笃定，公主推测他们应该是本地居民。早听说杭州人种混杂，除了汉人以外，人数最多的是回回人。

元朝，在杭州的回回人确实很多，据元末文学家、史学家陶宗仪说，杭州清泰街荐桥旁边有八座高楼，俗称八间楼，都是富裕的回回商人的居所。其实除了生寝，回回人在杭州还有死穴，他们在西湖边清波门外聚景园有公共墓地。

各民族之间通婚其实已经是常事了。如侨居杭州的阿鲁温人剌哲娶汉人聂氏，生浦博，浦博又娶萧山沙氏为妻。

公主身旁的侍女和护卫忍不住议论：虽然大汗颁了圣旨，异族通婚，婚俗以男方为主，蒙古人除外，但实际情况看来并非如此。席间便有一穿着高丽靴的埃及男子新婚不久，谈起自己婚礼时说全是按照杭州当地的习俗。

这位远嫁的公主不知道，元王朝正在促进人类史上的第一次大交流。元王朝统治下的整个区域为同一个政权所掌控，已经没有了国境的壁垒。站赤（即驿站）等交通、运输的方式，因元王朝的力量而得到了设置和完善，只要有统治者的庇护和"牌子"（针对持有者的身份，有金、银、铜等不同种类，用来行使利用驿传等特权），旅途的安全就能得到保障。银作为统一的货币价值标准可以在各地通用，而波斯语则成了国际通用语。而且，元王朝将当时世界上最具经济实力的中原、东南等地区纳入进来，实行鼓励国际通商的自由经济政策，促进了横跨非欧、欧亚大陆东西的空前的大交流。

这个大交流，在元王朝版图内自不必说，即使是西欧、埃及的马穆鲁克朝、印度次大陆的哈勒吉朝和秃忽鲁朝，以及东南亚群岛海域、非洲东部海岸线地带、日本等国家和地区，也在政治、经济、文化、技术、学术、宗教、思想等诸多方面有所卷入。

从13世纪的最后30年到14世纪后半叶，整个欧亚大陆呈现出一派异常活泼的经济和文化发展的气象，就是在威尼斯、热那亚、比萨等海上贸易城市繁荣的背景下，东方贸易所带来的财富和自由博爱的时代精神得以发扬的结果。难以否认的是，只有在元王朝时代这一切才能实现。

而这次人类史上的大交流，不可忽略阿拉伯商业势力。忽必烈政权很大程度上是以和阿拉伯商业势力的共生关系为主要动力的财政国家或通商国家。

在这里，马可·波罗尚未意识到包括杭州在内的中国东南沿海一带，曾广泛活动着阿拉伯海洋商人，随着忽必烈政权统一，中国和内陆阿拉伯商业网最终与直达中国南部的海上航线连接在了一起。杭州不仅占了南北统一的福利，还占到了海上丝路和内陆丝路的福利。这也是史无前例的。

在这种大交流的背景下，元朝还出现了大量迁居到中国的阿拉伯人，据说人数达到了一百万或更多，他们成了今天约一千万中国回族人的直接族源。另外，在中国的东南沿海地区，阿拉伯人居住地繁荣起来，成为通往印度洋航线的东西贸易活动的基地。这种人类群体的迁移，也促使欧亚大陆各地被引向了多种族、多文化并存的社会，这一结局不容忽视。

这种人类群体的迁移，在杭州这座国际化大城市里，表现得更加鲜明。当年随着居住的外侨增多，杭州的异域风情很浓。有诗云："巷南巷北痴儿女，把臂牵衣学番语。……黄金白璧驮西马，明珠紫贝输南船。……"

话说宴请公主的晚宴上，主人介绍给公主几位有头有脸的人物，寒暄中听公主提起伊儿汗国使者白天去逛了丝绸市场，直夸两位使者有见识、眼力好，又讲了几件自己做丝绸生意的趣事。公主正听得兴起时，酒席正式开始了。

侍女羚儿最喜欢吃食，见不仅有草原常吃的牛羊肉，还有西域产的葡萄酒、葡萄干。每张桌子上都有半个柠檬，羚儿趁别人不注意拿起来咬了一口，酸得脸都皱到了一起。原来这柠檬不是用来吃的，而是用来泡水喝的。羚儿暗自吐了吐舌头。

羚儿久在深宫不知道，当年蒙古人打到中亚时，他们发现了酸甜可口的"里木渴水"，并带回了中原。里木就是我们今天所说的柠檬，里木渴水就是柠檬水。为了保证柠檬的供应，元朝官方还在广州设立了一个皇家果园，种植了 800 棵柠檬树，由此可见柠檬水在当时的

〔元〕佚名《西湖图》

受欢迎程度。

饭毕，公主正打算告辞，话未说出口就被主人挽留下来，主人说特意为公主准备的重头戏还未登场，还请她留步赏光。

在主人的引导下，一屋子的人从府邸出来，门口安排了轿子，众人纷纷上轿。再次掀开轿帘，大家已经在西湖边上了。主人又引众人上船，船舱内装修极考究，顶部有千姿百态的图案做装饰，桌椅俱备；乘船时，可一边饮酒，一边通过船舱两侧可随意开关的窗户欣赏这座秀美的城市。羚儿趴在窗框上享受着湖风轻拂，公主亦沉迷于湖上夜景，月亮倒映在湖面上，随着湖水荡漾，仿佛月光也散落开去了。一旁主人安排的侍女为公主解释说:"西湖夜月是钱塘十景之一,很多人专等晚上来游湖赏景呢。"

"十景?"公主问。

"有六桥烟柳、九里云松、灵石樵歌、冷泉猿啸、葛岭朝暾、孤山霁雪、北关夜市、浙江秋涛、两峰白云、西湖夜月。"主人如数家珍,一一报给公主听。

没说多少话,很快就到了湖中的一座小岛上。这岛上有一座十分富丽的房子,称得上精妙绝伦。房间、回廊数目之多令人咋舌,应是专为设宴而修建的,主人为公主介绍:"这儿碟子、盘子什么都有,方便得很。"原来湖中央有两座小岛,每个岛上都有精美宫殿,宏伟典雅,富丽气派,装饰得精妙绝伦,就像皇帝的宫殿一样。宫殿里房间厅堂和回廊过道之多,简直令人难以置信。如有哪个权贵富绅想在环境优美之地举办盛大婚礼或任何大型宴饮聚会,他们就到其中一座宫殿去,在那里,他们可隆重而体面地举办他们的婚礼或宴会。那里备有他们宴饮所需的各种家具器什,包括碟子、盘子,以及习惯所需的其他东西。杭州居民都习惯于在上述宫殿内举办类似活动,因为这些宫殿就是专门为这些目的而建造的。有时候,那里同时举行上百个类似活动,其中有的举办宴饮聚会,有的则举办婚礼,但他们在不同的房间厅堂和走廊过道上,都各得其所,秩序井然,没有一方感到不便。

到了岛上,吃喝玩乐没多久,公主唤来主人的手下说自己有些疲惫,先行告退。两位使者或未尽兴,留马可·波罗作陪。

主人听公主说乏了,连连告罪,并恳求公主让他将功补过，并派侍女带公主去了一土耳其风格的房间，侍女们有的伺候公主泡澡，有的给她按摩，有的给她端茶。公主原以为这是只有权贵富绅才有的待遇，身边侍女却跟她说在杭州这样的澡堂随处可见，若是在外面，还有小贩推销肥皂呢。公主这下真坐实了杭州"销金锅儿"的名头，"笼袖骄民"太懂得享受生活了，让人很难不羡慕。

此时，马可·波罗也在厅堂里对杭州一顿褒奖："在杭州能吃到天南海北的美食、喝到八方美酒，有穿在身上的漂亮丝绸，有可以玩赏的瓷器以及充裕的粮食，有秀丽的景色能一饱眼福，还有能喝茶按摩的澡堂。衣食住行、吃喝玩乐俱佳，让人很难不着迷。真是一个美丽、富饶、神奇的人间天堂。"

泡完澡，公主等人回了住处，这一天的见闻让她难以平静。若她见识过几十年后摩洛哥旅行家伊本·白图泰在杭州的经历，那些头脑中翻飞的片段将会更加密集。

至正六年（1346），伊本·白图泰到杭州，受到当地官方和阿拉伯人的热情款待。他寄居在一位埃及富商家中，一连三天受总长官郭尔塔款待。"全城要人出席作陪。为此请来了阿拉伯厨师，按伊斯兰教法宰牲治席。这位长官尽管地位极高，却亲手给我们布菜，亲手切肉待客，我受他款待一连三天。他还派他的儿子陪我们去港湾，搭乘游艇一艘，其状如火弹船。长官的公子搭另一只船，他携带歌手乐师，他们用中国文，用阿拉伯文，也用波斯文演唱。"甚至连招待他们的歌手也不仅会唱蒙古歌，还会弹奏波斯音乐。

这都是后话，此时的公主已经把这天的见闻翻来覆去倒腾了好几遍。不管是从伊儿汗国使者口中听来的丝绸市场，还是亲眼见到的码头贸易、晚宴、船只、小岛、浴室，都让她回味了又回味，越是回想就越是期待接下来的日子，不知道还会有哪些奇遇。

随着这位远嫁公主的杭州之旅，我们也可以充分领略元朝时杭州这座国际大都市的魅力。

参考文献

1. 任道斌：《试论明代杭嘉湖平原市镇的发展》，《明史研究论丛》1991年第1期。
2. 李晓娟：《元代杭州的商业经济》，《江苏商论》2004年第3期。
3. 〔宋〕周密：《武林旧事》，《武林掌故丛编》影印本。
4. 吴晶晶、王福革：《元代私营海外贸易及其发展原因探析》，《大连民族大学学报》2016年第6期。
5. ［摩洛哥］伊本·白图泰口述，［摩洛哥］伊本·朱甾笔录，李光斌翻译：《异境奇观——伊本·白图泰游记》（全译本），海洋出版社，2008年。
6. 刘昌兵：《海外瓷器贸易影响下的景德镇瓷业》，《南方文物》2005年第3期。
7. 林音如：《元代泉州港的鼎盛及其原因探究》，福建师范大学硕士学位论文，2018年。
8. 刘军：《明清时期海上商品贸易研究（1368—1840）》，东北财经大学博士学位论文，2009年。

9. 叶依能：《元代粮食生产和粮食商品化》，《中国农史》1994年第4期。

10. 〔明〕宋濂等：《元史》，中华书局，1976年。

11. 李春圆：《元代的物价和财税制度》，复旦大学博士学位论文，2014年。

12. 〔意〕马可·波罗：《马可·波罗游记》，梁生智译，中国文史出版社，2008年。

13. 杨敏：《宋元江南纺织手工业与区域经济的相关性研究》，东华大学硕士学位论文，2008年。

14. 徐铮：《元代杭州丝绸业概貌》，《杭州（周刊）》2012年第12期。

15. 〔宋〕吴自牧：《梦粱录》，文渊阁《四库全书》影印本。

16. 陈炳应：《〈马可·波罗游记〉中的元钞》，《中国钱币》1999年第2期。

17. 申友良：《〈马可·波罗游记〉里的元初商业文化》，《社科纵横》2015年第5期。

18. 刘明罡：《元代金银研究》，河北大学博士学位论文，2015年。

19. 周龙龙：《从遮蔽到呈现：元朝斡脱商业活动透视》，《天中学刊》2018年第1期。

20. 何兆泉：《论元代浙江的商品经济》，《贵州文史丛刊》2005年第1期。

21. 杨妮、王丁国：《元代浙江之海外贸易》，《浙江纺织服装职业技术学院学报》2008年第2期。

22. 〔意〕马可波罗：《马可波罗行纪》，沙海昂注、冯承钧译，商务印书馆，1936年。

23. 陈高华、吴泰、郭松义：《海上丝绸之路》，海洋出版社，1991年。

24. 喻常森：《元代海外贸易发展的积极作用与局限性》，《海交史研究》1994年第2期。

25. 〔宋〕熊禾：《勿轩集》，清康熙三十三年（1694）长洲顾氏秀野草堂精写刻本。

26. 陈贤春：《试论元代商人的社会地位与历史作用》，《湖北大学学报》（哲学社会科学版）1993年第3期。

27. 〔元〕陶宗仪：《南村辍耕录》，武克忠、尹贵友校点，齐鲁书社，2007年。

28. 鲍志成：《元代杭州中外文化的和谐交融》，《历史上中外文化的和谐与共生——中国中外关系史学会2013年学术研讨会论文集》，甘肃人民出版社，2014年。

29. 〔明〕宋濂：《宋学士文集》，《四部丛刊初编》影印本。

30. 黄时鉴点校：《通制条格》，浙江古籍出版社，1986年。

31. 〔日〕杉山正明：《疾驰的草原征服者：辽 西夏 金 元》，广西师范大学出版社，2014年。

32. 〔元〕潘纯：《子素集》，清康熙三十三年（1694）长洲顾氏秀野草堂精写刻本。

33. 姚建根：《口腹之嗜：元代江浙城市饮食生活简论——以士人阶层为视角》，《江汉大学学报》（社会科学版）2014年第5期。

34. 卢盛江、卢燕新主编：《中国古典诗词曲选粹·元明清诗卷》，黄山书社，2018年。

35. 〔明〕陈继儒：《太平清话》，中华书局，1985年。

36. 朴真奭：《中朝经济文化交流史研究》，辽宁人民出版社，1984年。

37. 〔元〕王士点、商企翁编次：《秘书监志》，《元代史料丛刊》本，浙江古籍出版社，1992年。

38. 马建春：《元代东传回回地理学考述》，《回族研究》2002年第1期。

39. 〔清〕顾嗣立编：《元诗选三集》，文渊阁《四库全书》影印本。

40. 石云涛：《元代丝绸之路及其贸易往来》，《人民论坛》2019年第14期。

纵有丹青下不得笔

梗概：杭州历代旅游景观的发展与城市治理密切相关。元代杭州的旅游景观有钱塘十景，这说明元代西湖虽然疏于修治，但钱塘十景多为西湖周边景观，增加的"北关夜市""浙江秋涛"将旅游景区从西湖扩大到城北和城东南。

蒙古公主等人一起游玩钱塘十景，遗憾有些景点因为时节错过。次日大家又去探究历史古迹和寺庙，得知杭州四时风光，堪羡堪题。

羚儿这丫头，虽说是公主的贴身侍女，但两人一起长大，说情同姐妹也不为过。加上她一贯活泼的性子，公主更像是她姐姐。因此，在她提出想到杭州游玩一天时，公主只略作为难神色，便答应了她。两人约法三章：一、羚儿不得擅自行动；二、不得跟护卫吴恭掐架；三、黄昏即回，不得耍赖。羚儿忙不迭答应，只要能让她出去玩，"割地赔款"都在所不惜。可是，鸟儿出了笼，怎么蹦跶可就没人知道了。

第二天，两位使者因前日里醉酒，不得不告假。大家只得将两人留下。公主带着侍从，还有马可·波罗，在当地官员陪同下，开始天城一日游。

几人不约而同都没有吃早饭，公主拍板先去早市吃早饭。这时正值早市将要结束，还有些糕、粥、羊血粉羹、血脏羹之类的早市点心。不多时，早市结束了，酒楼、茶肆、食店开始正常营业。杭州多吃食，南北混杂，这几位可算是能一饱口福了。

在南宋时，杭州的食店就有饭店和面店两类，按照经营特色，又可分为分茶店、南食店、菜面店、素食店等等。分茶店是综合性食店，有羹，如四软羹、石髓羹、杂彩羹；有面食，如猪羊盦生面、丝鸡面、三鲜面；有下饭菜，如生熟烧、烧肉、煎小鸡、炸梅鱼等等。其他的饭店各有专营。南方特色的面食鱼肉类的食店就更不用说了，如盦生面、盐煎面、鳝鱼桐皮面、抹肉淘、带汁煎等等。如此种种，不胜枚举。蒙古人最爱的羊肉更不会少。早市里有羊饭店出售大骨饭、泡饭、软羊、肚尖、肚胘、腰子之类的菜肴。杭州饮食早就是南北交杂，到了元朝更甚。

不过以上这些，他们都没有吃上，因为公主突发奇想，好奇起素食来，于是大家就进了家素食店。在店小二的推荐下，点了几道招牌菜：蒸果子、鳖蒸羊、元鱼、两熟鱼、乳水龙麸、笋辣羹。杭州是佛事重地，素食餐饮也是异常兴旺。杭州餐饮在元朝如此丰富发达，自然与当地经济发达、各地域人士密集居留密不可分。

填饱了肚子，众人心满意足地开启旅程。几人围绕在地方陪同官员左右，一边听他说，一边走。这位官员道："杭州历来颇受青睐，来这儿游玩的人形形色色，来玩儿什么的都有。"

众人才知不同人到杭州游玩的景点也是不同的。比如皇族贵戚，一般在皇家园囿或者宫外的名胜风景区。皇族贵戚爱去的聚景园，园内就有不少皇帝御笔题的牌匾。南宋兵部侍郎任希夷说这聚景园："始知天上自清凉，不信人间有炎暑。"朝廷官员们也都愿到杭州游玩，外地官员调任杭州时，必会几番游览。当时皇族以及官员欣赏风景时还有舞乐助兴，好不快哉。见惯大漠的高官来到杭州，也是流连忘返。曾任刑部尚书的高克恭，虽是色目世家，但酷爱钱塘山水，余暇则呼僮携酒，杖履登山，流连尽日。翰林学士贯云石称疾辞官，改名易服，在钱塘卖药为生。另外，文人士子学习会友都会在杭州待上五六天。元朝文人揭傒斯有诗写道："谁道钱唐非昔日，神宫仙馆参差出。……永昌门外浙江潮，趁潮暮暮复朝朝。……满城煨烬犹哭声，空有吴山千丈翠。"最后是商人，杭州经济繁盛，对商人来说就像是"兵家必争之地"，不论是巨贾还是小贩都绕不开这里。

除了这些人，还有僧道香客也爱往杭州来。南宋时杭州有二十万僧人、一万道士，其中不少是外地人，他们来了杭州免不了要游玩一番。他们的到来又吸引了许多来自全国各地的香客，游客数量达百万之多，以至岸边没有空船、客栈没有空房、酒肆没有存酒。当然更多的还是百姓，茶楼酒肆、勾栏瓦舍到处都是他们的身影。到了元代前期，元军和官府在杭城管制甚严，致使寺庙香火冷落，僧众互不往来。直至元成宗当政，重视南方禅宗的继承和弘扬，还效法前朝由大臣与高僧结方外交，江浙行省的前后丞相康里脱脱、达识帖睦迩等均结识了不少僧友。净慈寺悦堂颜明在南屏设道场弘法时，竟"名闻京国"，除元帝亲下玺书护教外，"藩王大臣无不函香问道"。这虽是公主离去之后的事，可见香客依旧是杭州旅游的一支劲旅。

王振鹏所绘的元代游船

"先生讲了这么半天,我们到底应该先去哪儿呢?"羚儿问道。

"这些人都会去同一个地方,那就是西湖。"地方官员说。

"是否是昨晚我们乘船经过的湖?"公主有些疑惑。

"不错。"官员说。

几人立即决定第一站去西湖。

这是相当明智的,西湖的景色,不管早晚、晴雨都有看头,一年四季的风情也不相同。杭州人常去,尤其是春季。三面云山一面城环绕着中间的一湖绿水,其中间杂着亭台楼阁,如一幅着色山水画。

到了西湖，游船是少不了的。这时放眼望去，湖上各式各样的游船画舫往来不绝，公主一行人也由护卫吴恭打点好，上了其中的一条船，船内精美的装饰配置与昨晚搭乘过的船没有两样。上了船，几人一同饮酒赏景。美酒配美景，再听着湖上传来的歌姬动人的歌声，怪道是："画船载酒西湖上，一日笙歌几万钱。"西湖的魅力是有目共睹的，历来诗人争相赋诗作词便是明证。元代散曲家张养浩曾作《游西湖》："一片楼台四面山，玻璃摇碎锦斓斑。画船载酒来天上，宝月和云落世间。千古风烟留客醉，几时鱼鸟伴余闲。乃知西子真尤物，竟日令人不欲还。"曾任嘉兴路吏的徐再思也作过小令《朝天子·西湖》："里湖，外湖，无处是无春处。真山真水真画图，一片玲珑玉。宜酒宜诗，宜晴宜雨。销金锅锦绣窟。老苏，老逋，杨柳堤梅花墓。"将西湖之美，描绘得淋漓尽致。除此之外，还有许许多多无言的称颂。

应马可·波罗的要求，船只在两峰插云处停留了片刻。早前他到杭州时，总想来看看，一直没有成行。两峰插云是一处自然山景，由西湖群山中的南北高峰和洪春桥畔的景点构成。南北高峰在南宋时峰顶各有一座古塔，云雾低垂时，群峰隐退不见，留塔尖分明。建于后晋天福年间（936—944）的南高峰有一传说：有位印度高僧登上峰顶，看到一望无际的景象，决定在此建立大觉真人之表相，让四面八方望见的人同种善根。于是印度高僧献出一颗舍利，请了德高望重的法师，并禀告吴越国的文穆王，建造了宝塔。相比之下，北高峰顶的那座塔就命途多舛了，它始建于唐玄宗天宝年间（742—756），仅仅吴越国至宋代就三毁三兴，后来规模越来越小，宏伟不再。虽然宏伟不再，可塔周身那些历史留下的印迹格外厚重。马可·波罗并不觉得扫兴。相反，他甚至认为正是缺憾成就了古塔。

两峰插云

这天，有些微风，湖水被吹得铺开了一层又一层的皱褶。马可·波罗见此，心想不知道什么时候还能再去钱塘江看看潮。钱塘江在杭州城的东南方向，每年八月十五到八月十八潮水最大，银色的波涛气吞山河，雷霆万钧地从远处奔来，势不可当。潮涨潮落都有定期，不会让人期望落空。潮水在赭山与龛山之间出没，正合"夹群山而远入，射一带以中投"的语境。

公主不知道钱塘潮的壮观，陪同官员便讲了钱王射潮的传说："杭州连年受到潮水的侵袭，吴越王钱镠命人张弓以待，等潮水来了，就下令迎着潮头射箭，击退了潮水。"听了一席话后，公主也对这浙江秋涛有了些向往。

正在这时，羚儿缠着吴恭偷偷上岸了，原来到了苏堤，她非要上岸看看，数数到底有几座桥。先前已经过了三座桥，上岸又走了三座桥便到头了。小妮子噘着嘴直呼不过瘾，还要再往回走一遍。吴恭一贯是奈何不了她的，只得乖乖跟在她后面又走了一遍。想来公主身边还有其他侍卫，应该出不了岔子。

羚儿走过的这六座桥是钱塘十景之一，叫作六桥烟柳，这六座桥分别为映波、锁澜、望山、压堤、东浦、跨虹。当年苏轼修筑长堤连通了南屏山麓和栖霞岭，并沿着长堤种植了许多柳树。柳树性喜水，远远望去如烟似雾，在桥畔摇曳。苏轼为此作诗："六桥横截天汉上，大堤杨柳多昌丰。"这景致可谓是雅俗共赏，不仅有大词人留下供人吟咏的诗篇，还有民间传颂的歌谣："西湖景致六吊桥，一株杨柳一株桃。"这烟柳画桥，一年四季都能观赏，其中又以春季最佳，因此六桥烟柳又名苏堤春晓。暖春之季，花柳满长堤。游人宿在画舫里未起，慵懒地侧卧着听黄莺鸣叫。一静一动，桥、柳、花、水的风情便流转出来。再加上其间蹦蹦跳跳的小姑娘，好不灵动。

公主和众人在船上老远就看见羚儿在桥上走来走去，也随她去，想来恣意的日子不多了，进了宫再想随心所欲不容易。

公主将目光从羚儿处收回，再次投向景色，称赞眼前景色："江南灵秀，耳听不如眼见。南北风物大异，南方有草木，北方有冰雪。"

"南方也有雪景。不远处的孤山雪后初晴的景色便是一绝，被称为孤山霁雪。孤山，在湖中独立，后面是葛岭，高高低低颇有层次。冬雪平铺后，与阳光、湖波辉映，璀璨夺目，霁雪还似更胜一筹。"陪同官员说。

公主一想，今日就算能把这里的美景尽收眼底，可惜也有其他季节的美景无法领略，于是就让陪同官员将那些看不到的美景——介绍起来。

陪同官员便先从孤山说起："说孤山就不得不说到宋朝诗人林和靖，不仅是书画家、书法家，还是位隐士。他终身不娶妻，也不当官，以梅为妻，以鹤为子，常与高僧诗友来往。若逢有客来访而他不在，童子就放鹤作信号，林逋见鹤即回。到老了，他在庐侧起墓，并为此作有诗文：'湖上青山对结庐，坟前修竹亦萧疏。茂陵他日求遗稿，犹喜曾无封禅书。'有位陈子安先生，为此特意建了一座放鹤亭。"于是大家上岸寻访了和靖先生林逋的墓地。

马可·波罗对杭州的景致有几分了解，说："葛岭也有不得不提的景色——葛岭朝暾，就是每年夏历十月初一葛岭之巅初阳台的日出。"

相传道学家葛洪曾在此地吸收日月之精华。传说给葛岭披上的这层面纱无须深究，因为这也是葛岭的魅力之一。将传说放在一边不谈，葛岭的确和葛洪有渊源。葛洪凭借在颜料业的成就被奉为炼染业的祖师爷，旧时杭州炼染行的人在葛洪诞辰（相传是农历四月初十）都会聚集葛岭祭祀葛洪。这葛洪字雅川，号抱朴子，有著作《抱朴子》传世，葛岭现有道观名为抱朴道院。清代袁枚曾赞葛岭："葛岭花开二月天，游人来往说神仙。"

在葛岭吸收日月之精华的葛洪，也没想到一千多年后他还助力了中国第一位诺贝尔生理学或医学奖获得者屠呦呦。1972年，屠呦呦和她的同事在青蒿中提取到了一种分子式为 $C_{15}H_{22}O_5$ 的无色结晶体，是一种熔点为156~157℃的活性成分，他们将这种无色的结晶体物质命名为青蒿素。青蒿素是具有"高效、速效、低毒"

葛岭品泉

优点的新结构类型抗疟药,对各型疟疾特别是抗性疟有特效。青蒿素衍生物作为最有效、无并发症的疟疾联合用药,自诞生之日起就一直是世界卫生组织大力推广的一线抗疟疗法。而屠呦呦正是受葛洪编撰的中药典籍《肘后备急方》中"青蒿一握,以水二升渍,绞取汁,尽服之"的截疟记载启发,采用低沸点溶剂方法成功提取了青蒿素。

沿湖走了一圈,遇到心仪的景点几人便下船仔细赏玩,眼看太阳沉得越来越低,公主就想上岸吃晚饭,然后打道回府。

进了一家颇为豪华的酒楼,几人又点了几道招牌菜。等菜的间隙,公主环顾四周,见包厢内画有西湖夜月、六桥烟柳、葛岭朝暾、孤山霁雪、浙江秋涛、两峰白云、九里云松、灵石樵歌、冷泉猿啸、北关夜市的图画。前六种都是见过、听过的，后四种却没见过。

老板见众人气度不凡，便过来介绍：墙上是完整的钱塘十景图。九里云松是因唐代刺史袁仁敬在今洪春桥至灵竺一带种植松树得名。路左右各三行，道路两旁被苍翠笼盖，行人走在路上，衣衫都能被染绿。日光洒下时，地上如同铺了一地碎金。因为常常和灵山白云相接连，因此得名云松。灵石樵歌是在灵石山、棋盘山一带，因有空谷回音得名。樵夫在山涧中歌唱，敲响樵斧助兴，谷内便有回响，好像岩石都在叮当作响，因此把它们称为灵石。再就是冷泉猿啸，冷泉在飞来峰山脚，宋代有个智一和尚，十分擅长呼啸，他养在山中的猴子只要听到啸声就会聚拢来。

公主一路上对杭州的风光称赞不已，陪同官员告诉她，杭州已经形成了时令性的旅游习俗，每年大致有二十个传统节日，从年初的元正、立春、元夕，到年尾的腊日、小节夜、大节夜，其中五分之四的节日有丰富的民间活动，如元夕赏灯、寒食节插柳、重九赏花等。这也给了她些启发，以后到了伊儿汗国，也应该因地制宜，将城市的优势充分发挥出来。

几人终于吃饱喝足，慢悠悠往住宿处走去。不料遇见一队僧人，地上搁放着行李，看打扮不像本地僧人。公主不免好奇，陪同官员忙派小厮去打听，得知是一群日本僧人来杭州的寺庙取经。原来在元代，有许多海外游客来杭，除了地缘上的近邻亚洲旅客，还有欧洲和非洲的旅客。除了几位著名的旅游家，如马可·波罗，意大利人鄂多立克、马黎诺里，以及摩洛哥旅游家伊本·白图泰等，在所有的海外游客中，还以日本僧人为最。

来杭的日本僧侣都十分仰慕杭州的山川景物风光，也留下了许多文字作为见证，如日本五大有名诗僧之一的别源圆旨就有《送僧之江南》，诗中云："江南一别已三年，相忆江南在寐寤。十里湖边苏公堤，翠柳青烟杂细雨。高峰南北法王家，朱楼白塔出云雾。雪屋银山钱塘潮，百万人家回首顾。南音北语惊叹奇，吴越帆飞西兴渡。我欲重游是何年？送人只得空追忆。"杭州的山水楼阁早早随他的文字流淌进了日本。

看到这些远渡而来的日本僧人，公主说："来到杭州，除了游览风景胜地，那些历史古迹和寺庙如何能不游览一番？"众人恍然大悟，于是定下次日再好好游历。

说到杭州寺庙，不可不提灵隐寺，这座可追溯到东晋的寺庙在南宋时就十分兴盛，被列入江南禅宗"五山十刹"。中外僧侣没有谁不心向往之。南宋时，灵隐寺的瞎堂慧远禅师为一代高僧，深得圆悟克勤大师真传，并将其佛法运用自如。他还传法海外，点悟了日本僧人觉阿，把临济宗杨岐派禅法传到了日本，对中日佛教交流的助力颇大。他的弟子也遍布各界，不只有佛门中人，还有俗家弟子。

到灵隐寺就不可不览飞来峰，飞来峰山间布满了从五代到宋元时期的佛教造像345尊，其中，保存比较完好的元代造像共有68龛93尊，构成了飞来峰造像的主体与精华。其雕塑艺术包括汉传佛教和藏传佛教两大体系。飞来峰石窟保存如此大规模的元代石刻，不仅弥补了元代中国石窟造像作品的缺失，在中国雕塑史上更是有着举足轻重的地位和不可估量的价值。

次日，大家从寺庙游玩出来，阔阔真公主突然大叹："我们这些人来到杭州怎么把它给忘了！"众人询问才知，

灵隐禅踪

到杭州游玩，如何可以把前朝皇宫错过呢？

据徐一夔《宋行宫考》所载："至元十四年（1277），民间失火，飞烬及其宫室，焚毁殆尽。"这一场大火将凤凰山南宋宫苑全部焚毁，致使"陵庙成焦土，宫墙没野蒿"。即使如此，南宋宫殿的旧址也值得一游。众人在宫殿遗址中穿梭时，总会想象宫殿当初奢靡华丽的样子。推开嵌着金钉的朱门，眼前就是雕梁画栋，屋顶铺

凤凰山皇宫墙题刻

着铜瓦,还镌刻着呈飞舞状的龙蛇,巍峨壮丽难以言表。南宋在杭州的皇宫亭台楼阁共有一百一十二座,包括"大殿三十座,堂三十三,阁十三,斋四,楼七,台六,亭十九"。其中一座大殿能容纳万人就席。殿内满是绸缎、黄金、宝石,加上人工湖、森林,真可谓极尽奢靡。身处其间,众人感慨不已。而如今这凤凰山麓空空如也,凤凰一去不复还了。

大家带着想象和遗憾离开凤凰山,陪同的官员又推荐一处景观。这是杭州地方官员在特定时期要祭祀的地方。众人甚是好奇,快马加鞭到了近处才明白,原来是西湖畔栖霞岭下岳飞庙。

自岳飞沉冤得雪后,他的遗骸便迁来此处。元朝统治者对岳飞是十分认可的,在保留了宋朝对岳飞封号的基础之上,又加上了"保义"两个字。与此同时,忽必烈还命令杭州的地方官，在一些特定的时期对岳飞的庙宇进行祭祀。而对于岳飞的后人，忽必烈也是十分礼遇，专门找来了岳飞在河南的后人授予他官职。而对于岳飞在南方的子孙后代，元朝也授予官职。所以，外地游客来杭州，会去岳王庙祭拜。这个习俗流传至今，也成为杭州旅游的一大特点。

天色渐暗，公主的游兴依旧浓郁，不禁好奇地问陪同官员："除了这几日所见，杭州还有些什么好风景？"这位官员得意万分，停顿了下，回道："在杭州，看花，有'十里马塍花似海'。看竹，有松轩竹径。看茶，茶园舛山。看山，近的有吴山，千叠翡翠；远的有南北高峰，万变云景。看水，近的，清溪绿水；远的，钱塘江，万顷玻璃。杭州四时风光，堪羡堪题。"

杭州的风韵不仅是眼前所见，还在于深厚的文化积淀，既能带给人感官的享受，还能引人无限遐思，妙不可言。因此，这地儿旅游业兴盛，四季游人如织，自是情理之中。于是乎，这四时变化的杭州风景和风情，纵有一支丹青妙笔，终难描尽。

参考文献

1. 〔宋〕周密：《武林旧事》，《武林掌故丛编》影印本。
2. 〔宋〕吴自牧：《梦粱录》，文渊阁《四库全书》影印本。
3. 〔宋〕陆游：《老学庵笔记》，文渊阁《四库全书》影印本。
4. 〔宋〕耐得翁：《都城纪胜》，《武林掌故丛编》影印本。
5. 〔宋〕洪迈：《夷坚志》，杨名标点，重庆出版社，1996年。
6. 〔宋〕周密：《癸辛杂识续集》，中华书局，1988年。
7. 〔元〕张养浩：《归田类稿》，文渊阁《四库全书》影印本。
8. 〔宋〕祝穆编、祝洙补订：《宋本方舆胜览》，上海古籍出版社，2012年。
9. 〔清〕李卫等修、傅王露等纂：《西湖志》，台北成文出版社，1983年。
10. 〔宋〕孙光宪：《北梦琐言》，中华书局，1960年。
11. 杭州市地方志编纂委员会编：《杭州市志》，中华书局，2000年。
12. 故宫博物院编：《西湖志》，海南出版社，2001年。
13. 杭州市社会科学院南宋史研究中心编：《南宋史研究论丛》，杭州出版社，2008年。
14. 龙潜庵：《宋元语言词典》，上海辞书出版社，1985年。
15. 张根云译注：《元曲三百首》（精编本），商务印书馆，2015年。
16. 陈祖美主编、陶文鹏编著：《一蓑烟雨任平生——苏轶集》，河南文艺出版社，2015年。

17. 郑翰献主编：《钱塘江文献集成（第28册）：钱塘江诗词史料》，杭州出版社，2016年。

18. "西湖天下"丛书编辑部编、吴永良绘：《西湖诗词画意》（典藏版），浙江摄影出版社，2016年。

19. 王国平主编：《杭州文献集成（第16册）：武林往哲遗著（三）》，杭州出版社，2014年。

20. 孙旭升译注：《竹枝词名篇译注——孙旭升名篇译注系列之四》，上海书店出版社，2015年。

21. 杭州市政协文史资料委员会、杭州文史研究会编：《明代杭州研究》（上册），杭州出版社，2009年。

22. 李志敏主编：《唐诗·宋词·元曲》（卷三），福建美术出版社，2012年。

23. 徐吉军：《南宋临安饮食业概述》，《大同高等专科学校学报》1998年第3期。

24. 惠哲：《南宋临安都市旅游研究》，江西师范大学硕士学位论文，2006年。

25. 鲍新山：《试论元代杭州的旅游业》，《河北经贸大学学报》（综合版）2010年第3期。

26.《钱塘潮的传说》，《浙江林业》2011年第8期。

27. 建琪：《西湖十景之首——苏堤春晓》，《新农村》2011年第4期。

28. 陈学文：《明清时期的杭州商业经济》，《浙江学刊》1988年第6期。

29. 沈洁：《从历代书画解读"双峰插云"之双塔的毁圮》，《杭州文博》2015年第1期。

30. 马碧莉：《〈武林旧事〉文学研究》，黑龙江大学硕士学位论文，2015年。

31. 徐仪明：《论南宋灵隐寺慧远禅师的禅学及其修行》，《宜春学院学报》2014年第11期。

32. 许蓉：《〈马可波罗游记〉和13世纪末的杭州》，《台州师专学报》2001年第2期。

33.卢英振：《镇南塔与杨琏真珈》，《绍兴文理学院学报》（哲学社会科学）2012年第1期。

34.陈芸、曹雪：《杭州半山（皋亭山）显宁寺遗存及价值研究》，《浙江建筑》2019年第5期。

夜天城夜天堂

梗概：马可·波罗带着两位使者夜游杭州，观看了元代最火热的杂剧，在酒楼茶馆和瓦市中被杭州繁华的文化娱乐生活所震撼。

原来元代杭州经济繁荣，加上元代治安体制相当完善，杭州文化娱乐生活非常丰富。早在南宋，杭州就是全国戏剧活动的中心。到了元代，杂剧中心本来在北方的元大都，随着南北统一，大量创作和表演人才日渐南下，转向环境更优美的杭州等地。当时科举考试在元初一段时间内停开，导致大量文人参与到杂剧创作队伍中。此外，杭州教育事业的发展也为杂剧创作准备了人才；发达的印刷业为杂剧的创作、表演和传播提供了便利的条件。于是，杭州成为杂剧中心之一。

使者巴特尔和阿古达木从公主、羚儿、吴恭和马可·波罗几人各自的话语中拼凑出了他们错过的杭州美景。赶巧的是，两人都对夜市极感兴趣，在来杭州的路上，北关夜市就已经召唤过他们了。他们一拍即合，决定等暮色将近，便去看个分明。阿古达木吃一堑，长一智，邀请马可·波罗同行，有个中国通做伴，不至于再被人忽悠。

伊儿汗使者是借游玩夜市，想好好考察一下杭州的市井经济，因为夜经济最能反映一座城市人民的生活消费水平。

杭州的夜市可能是江南地区最早的夜市，可追溯到唐代。南宋定都临安后，杭州经济更加繁华，夜市遍布杭城内外：一是通达南北的御街夜市林立，并在清河坊、官巷口、三桥址、众安桥、观桥等处形成闹市；二是大运河商埠和钱塘江码头；三是娱乐场所附近的夜市。

《梦粱录》记载南宋夜市买卖的种类难以尽述，春冬大同小异，有玉栅小球灯、捧灯球、快行胡女儿沙戏、玉梅花、金橘数珠、鱼龙船儿、梭球、香鼓儿等物。夏秋出入不大，多青纱、黄草帐子、异巧香袋儿、木犀香数珠、茉莉盛盆儿、梧桐数珠、带朵茉莉花朵、挑纱荷花等。此外，各色吃食、各种流动的车担浮铺与顶盘担架也是夜市的重要组成部分。

既有珠玉在前，到元代时，杭州的夜市同样热闹得不同凡响。

三人来到众安桥的北瓦，这曾是南宋时最大的游艺场，现在仍是酒肆、茶楼林立，街头巷尾人头攒动。来得早不如来得巧，他们刚到，正碰上舞队表演。

舞队表演队伍的先后顺序是有讲究的，包括假面舞蹈，有各种人物装扮，有高雅的历史人物的表演，也有逗乐的瞎判官、快活三郎、快活三娘之类的丑角表演，当然还有穿着异族服装的人表演四国朝贡。除了这些表演，还有音乐演奏、男孩和女孩的清音、烟花等。各种舞队依次紧接着，若逢重大节日，甚至能连绵十余里。

表演人员身着华冠丽服，锦缎珠翠华丽耀眼，很有几分群芳争艳的味道。这类表演是新来舞台班子或者当晚新出戏的最佳广告。他们主要是在街头巷尾表演，若遇到大户人家来了兴致，想领略下人间烟火气，还会邀请他们到宅邸里去演出。

马可·波罗和两位使者看了个热闹，由马可·波罗做主，就近找一门面装饰相当讲究的酒楼居高观景，直至最后一个队伍在视线中消失。

话说酒楼，在古代规矩可多，和我们现在酒楼不同。

在古代，酒楼是个好去处，但是阶级分明。其中，高级的酒楼属于政府辖内的官库，官库不为赢利，酒楼的功能主要是粉饰太平，酒楼的客人进进出出都是些文人学士。这类酒楼如同现在的私人会所，普通百姓根本进入不得。简陋一些的叫酒肆，又叫酒家、酒店、酒楼等等，自然是私人经营的。对找乐子的客人来说，来了酒楼，就得点小曲解闷。因此，酒楼总是与歌馆相伴存在的。酒楼因能娱情乐性，是作乐的不二选择，因此遍地开花。如沙皮巷、清河坊、融和坊、新街、太平坊、巾子巷、狮子巷、荐桥都是当时歌馆聚集地。当时这些酒楼，有的只卖酒，有的是酒食皆备，这和我们现代又不一样了。

酒楼林立，少不了好酒撑场子。宋代酒常以官酿作坊为名，如留都春、丰和春、海岳春、蓬莱春，再如清白堂、中和堂、六客堂、静治堂。除此之外，还有按酒的味道、颜色、配料来取名的。蒙古人好酒，酒的生意自然更好，据说《武林旧事》记录在册的名酒就有五十四种。

马可·波罗看着酒单上这些酒名，一时间不知道如何选择。店小二见三人难以决断,便推荐了时令煮酒。马可·波罗连连点头称好。历来煮酒是十分受文人雅士喜欢的酒事活动,尤其是一边赏花一边煮酒。众人纷纷赞同,有什么比入乡随俗更能体会到当地风情呢?

小二看几位都风度翩翩,便说明天有一文人雅集,若他们有兴趣可以去看看。三人均欣然答应。谈话间,马可·波罗向小二问起杭州城里的瓦市情况来。

"瓦市是做什么的?难不成是做瓦片交易的地方?"阿古达木问道。

巴特尔很不屑地哼了一声,说:"瓦市,又叫瓦舍、瓦子、瓦肆,所谓'来时瓦舍,去时瓦解',取的是易聚易散之意。"

"使者好博学。"马可·波罗赞道。

按照现代人的叫法,这些瓦市就是地摊娱乐经济,搭建得简易,但是满足了城市人民日益增长的娱乐和消费的需求。杭州瓦市众多,据《武林旧事》载,早在南宋时城内外大大小小有二十三座瓦市,其中城内就有五处,主要供一般百姓游玩,城外的则以供西北军消遣为主。除了正规固定的瓦子,还有临时在空地上拉开架势摆场子的"打野呵""路岐人"。

这位店小二虽说对杭州瓦市没有全盘考察,但是也知道瓦市的把戏多了去了。他举例说道:"瓦市里有影戏、角抵、傀儡戏、魔术、百戏、驯化动物(动物戏)、口技、说话、说唱曲艺、杂剧等十大类。有些还能细分,如说话,还可分为讲史、小说、说经、说诨话四类;说唱曲艺就更多了,有小唱、嘌唱、唱赚、鼓子词、诸宫调、崖词六种。除了表演，瓦子里还有很多其他的服务项目，如卖卦、饮食、剃剪、纸画、令曲之类。因此大伙儿都喜欢在瓦子里扎堆，人一多难免有人遗失物品。相传在宋时有一座结缚桥，人们把在瓦市里拾到的物品结缚于此，等待失主前来认领。"

阿古达木使者生性谨慎，问小二："这瓦市，三教九流的都来，文人墨客们不屑去吧？"

小二忙摆手，说："哪里的话！官人们喜欢赏花煮酒，也爱逛瓦市，看把戏，兴致来了，也作诗。有首诗写道：'万般尽被鬼神戏，看取人间傀儡棚。烦恼自无安脚处，从他鼓笛弄浮生。'[1]说的就是这瓦市勾栏里的妙处。小的虽然不知是哪位大诗人的作品，但是好几个瓦舍都挂着这首诗，而这首诗写得也实在是妙。"

如此，三人心痒难耐，但一晚上如何能把这十大类都玩赏遍？至于那些细分的，看着也新鲜啊！

看着这三个人如此犯难，小二乐了，便说道："看几位都是雅致的先生，小的斗胆建议先去看看杂剧。一是看着开心，二是你们都是初来乍到，借此了解一下世情。"

三人顿时恍然大悟，赶紧谢了小二，出了这酒楼。

与其说杭州在元代成了杂剧中心，不如说是杂剧在元代找上了杭州，找上了这个得天独厚的温床。从政治上看，杭州社会政治环境十分稳定，虽经历了改朝换代的战争，然而并没有被严重波及。加之杭州作为元代江南地区的政治、文化和商业中心，是巨大的财富聚集地。杂剧的发展与城市经济密不可分。再者，杭州有秀丽的

[1] 黄庭坚《题前定录赠李伯牖》（其二）。

山水、悠久的历史，人杰地灵，许多北方作家和演艺人员因此喜欢定居杭州。此外，杭州位于大运河南端，舟楫可直达，占了杂剧南下杭州的水路之便。杭州教育事业的发展也为杂剧创作准备了人才。最后，杭州发达的印刷业为杂剧的创作、表演和传播提供了便利的条件。

除了天时地利的护航，杭州的杂剧发展还有"人和"的加持。杭州杂剧的创作有的是团队作战，如创作者有书会，为瓦舍勾栏戏班演出杂剧、讲史、诸宫调等撰写脚本的行会组织，叫作书会。元代杭州有名的书会是武林书会。也有的是相互切磋，交流经验，共同成长。还有的创作则是通过家传学习或者拜师学艺。

正是在这样的背景下，元代涌现了一批优秀的剧作家和作品。其中最为世人推崇的元曲大家关汉卿是大都（今北京）人，曾来过杭州，并游玩过一段时间，为杭州的美景所陶醉，写下了"吴山色千叠翡翠"这样的句子；比如王实甫，有一种说法称他的《西厢记》是元曲创作

《西厢记》

阵地南移到杭州，受到南戏影响后，由元代后期曲家改编而成的；比如郑光祖，与关汉卿、马致远、白朴齐名，曾补授杭州路吏，在杭州病故，火葬于西湖灵芝寺，其所作杂剧在当时"名闻天下，声振闺阁"。这些大家都是元代杂剧的一张张名片、一座座丰碑。他们的作品《窦娥冤》《西厢记》等都是文学史上一颗颗璀璨的明珠。

同时，当时商业的发展为元杂剧提供了物质的动力，刺激了专业作家的出现，甚至还影响了创作内容。在戏剧题材上大量出现了一些涉商剧目，元杂剧中对商人态度也有些变化，由前期轻贱商人到后期对从商之艰辛的体谅可以看出元代社会风向的变化。而且，元杂剧中的商人角色不再单一，渐渐变得饱满丰富，既有善良、勇敢的商贾形象，又有狡诈、凶残的商人角色，可以说元杂剧中商人形象类型和数量远远超过前代，商人的地位也提升了。杂剧发展到后期，甚至金钱财富的主题取代了受人艳羡的儒士文人主题。

除了创作者队伍的壮大，元杂剧的繁荣还体现在杂剧演员的职业化和剧团的专业化。因为口头传播的力度比纸张传播的力度更大、范围更广，能覆盖酒楼歌馆、瓦肆勾栏。杂剧演员是杂剧的载体，他们与杂剧作家、士人学子、市民百姓打交道，南来北往，把杂剧带到所行之处。

杂剧演员在竞争如此激烈的娱乐业里走红，而杭州成为元杂剧的中心，究其原因，是杭州繁荣的经济培养出了一批观众。

在观看杂剧的时候，台上演员眼波流转、行腔咬字间，马可·波罗三人完全沉醉其间，直到演员谢场，才慢慢从剧中抽身出来。

演出结束，巴特尔意犹未尽，还想再看另一场。听边上的观众说，别的剧院还有表演，三人赶到场，人挤人的，只能站着看完全程。阿古达木有些疲惫，提出先回去，让巴特尔和马可·波罗接着逛，不要因为自己耽误行程。巴特尔不允许他掉队，否则有些扫兴。两人正在争论中，没想到马可·波罗因着说起一段关于与关汉卿交往的佳话来。

原来关汉卿写了、演了大半辈子戏，晚年决定做回观众，好好看看戏。他匆匆带上杂剧名角珠帘秀，从大都买舟出发，沿运河南下，途经扬州、苏州，又过了几日就到了杭州。当时的"古杭书会"——就是当时的"杭州戏剧家协会"——接待了他们。凑巧白朴、马致远、王实甫、郑光祖也都来了杭州。而这时马可·波罗正好在杭州，大家在一起凑趣。大家都尊崇关汉卿是"梨园领袖""杂剧班头"，觉得他能莅临杭州，那是杭州书会才人之幸，于是由杭州戏剧家萧德祥出面领衔，动用刊刻销售《元刊杂剧三十种》的盈利，当晚便摆了一桌盛宴接风。

"那些才子都是何等模样？"

"名角珠帘秀姿态又是如何曼妙？"

马可·波罗见两人连连发问，便阵阵感叹。两位使者拉住马可·波罗要他细说，戏也不看了。此时已经是后半夜，没想到杭州城里依旧有灯光亮处。三人翘首探寻可以放松的落脚处，茶馆小厮的吆喝声将几人吸引了过去，也是合该他们有缘体验杭州的茶文化。

南宋定都杭州后，茶馆迅速发展起来。杭州有名的茶馆不少。上茶馆喝茶的人三教九流都有，为适应不同顾客的不同需求，茶楼渐渐分化出了不同功能。富豪官吏们常光顾的茶馆设有许多娱乐项目，有艺人演奏、唱曲，还可以教时间充裕的富家子弟学习乐器和戏曲，也有以说书博眼球的。有个茶肆名一窟鬼茶坊，顾名思义，这个茶肆极可能是以讲鬼故事而闻名的。

茶馆也是一个信息交流、资源共享的地方，各行各业的人在这里寻找商机。当然除了普通茶馆外，还有花茶坊、水茶坊，这类地方非君子驻足之地。

三人走进茶馆，发现此地既华丽又朴素，居然用瓷盏漆托上茶，茶器不用金银等贵金属，喝茶仪式上很是讲究。为了吸引顾客，茶馆以四时花朵和名人画作装点门面，甚至以同主题音乐招徕顾客，如卖梅花酒，便吹梅花曲，总之是花样百出。至于茶水，不仅根据时令提供不同茶饮，还提供许多其他饮料，如甘豆汤、椰子酒、豆儿水、鹿梨浆、卤梅水、姜蜜水、木瓜汁、茶水、沉香水、荔枝膏水、苦水、金橘团等等。原来茶馆都不单纯卖茶，还兼营其他买卖，卖些地方特产，有的甚至卖灯。

茶还没上，三人发现茶楼中央有两人摆开了架势要斗茶。斗茶本是为评比茶品质、泡茶技巧高低的。想来是这茶楼为了招揽顾客做出的噱头，毕竟这项活动在南宋时风靡全国，在杭州，无论是王公贵戚、文人墨客还是市井百姓都乐意参与。茶馆的小二略懂茶事，向他们解释：汤色和汤花是评价输赢的关键。既然是斗茶，肯定得有赌本，看热闹的都开始押宝，一时间茶楼热闹非凡。

如今现代人少有斗茶活动，只能遥想当年的热闹情景，想必不会亚于现代人喝酒时的猜拳吧？

喝完茶，聊了杂剧大家的八卦，此时天色渐白，三人有些懒怠，巴特尔提议回住处休息。怎么回去呢？来时三人坐了船，因为杭州城内河网密布，水运十分发达，因此船是城内主要的交通工具。此时，巴特尔提议坐轿子，不用费劲，可以休息。可阿古达木认为乘轿子太女儿气。

"那不如骑马？多有男子气概。要是骑马不行，还可以骑驴，骑骡子。"巴特尔呛了起来，他年龄小些，常按捺不住火气要炸毛。

杭州的交通工具种类实在丰富，马可·波罗笑说："大家不如衣食住行都体验个遍，岂不美哉？"大家兴头起来，觉得每一样确实可以轮流体验一番。如此一争论，大家的困意都被赶走了。

这一说，不禁让众人讨论的主题换到了住上来。

杭州的旅馆业很发达，南宋为了满足应试士子的需求，贡院附近也开设了很多旅馆。到了元代，杭州旅店规模大、数量多。城内可容纳上百人的旅店，不下百家，能接纳数十人的旅店有上千家，每天能吞吐万人的流量。杭州旅游业如此发达，自然需要容纳这些游子的客店。

三人一路都是受官府接待，这夜却要自己寻个地方歇脚。巴特尔难免多一个心眼。他说："旅馆跟闹市连成一片，鱼龙混杂，说不定被哪个不法分子盯上。岂不是惹了大麻烦？"

其实，元代治安体制相当完善。行省下各级政府专门设有管理地方民事的治安官，负责地方治安，铲恶锄奸、缉捕盗贼以及处理诉讼案件；各路还设有缉盗官，专门负责当地治安；此外，元代往内地重镇派驻了大量军队，杭州也有军队护持，郡邑之地还设有马步弓手，作为地方警察；还有最基层的社长，一直作为农村基层治安人员来使用，是重要的治安辅助力量。再者，元代人口把控很严格，户籍制度分类分等，种类繁多、等级森严。户网恢恢，不可能有漏网之鱼。若是谁为非作歹，三下五除二就能定位到人。外地人来投宿，必须有官府文引才能入住。文引相当于现代的身份证。

一路上，三人斟酌一番，决定还是老老实实回官府招待的住宿地去吧。为了逗趣，马可·波罗故意说："二位担心旅馆不安全，不好住，还可以找一寺庙入住，顺便感受感受杭州佛寺清幽雅致的环境。"巴特尔以为他在拿自己开涮，笑他："没想到你在寺庙都有相熟的。"

马可·波罗解释："杭州在前朝时就有寺庙提供住宿了，因为佛教兴盛，来来往往的僧侣很多，寺庙得为外来僧侣提供落脚地，许多文人雅士也都愿意在寺庙小住。"

巴特尔没好气地说："寺庙多在偏僻处，我们如今在城市里，走到你熟知的寺庙怕得走一天吧。"阿古达木也开始逗趣："先生不怕偏僻，要不去城外的驿站？"巴特尔听了，哈哈大笑。三人吵吵闹闹地，在这繁华喧闹的夜市里，徐徐归来。

参考文献

1. 〔宋〕吴自牧：《梦粱录》，文渊阁《四库全书》影印本。
2. 〔宋〕周密：《武林旧事》，文渊阁《四库全书》影印本。
3. 〔宋〕孟元老：《东京梦华录》，文渊阁《四库全书》影印本。
4. 〔明〕田汝成：《西湖游览志》，文渊阁《四库全书》影印本。
5. 〔宋〕黄庭坚：《山谷外集诗注》，文渊阁《四库全书》影印本。
6. 万川主编：《中国警政史》，中华书局，2006年。
7. 陈学文：《古代杭州夜市》，《杭州商学院学报》1982年第2期。
8. 郑元祉：《宋代元宵舞队考》，《曲学》2013年第1期。
9. 毛姝菁：《从〈梦粱录〉看南宋酒店经营特点》，《郧阳师范高等专科学校学报》2009年第2期。
10. 李欣：《从周密〈武林旧事〉看南宋临安城的酒文化》，《陕西广播电视大学学报》2016年第4期。
11. 郑继猛：《宋代都市笔记研究》，陕西师范大学博士学位论文，2009年。
12. 东方晓：《南宋临安的瓦市》，《宜宾师专学报》1998年第1期。
13. 丁一：《元杂剧市场中心转移及其原因》，《当代戏剧》2020年第2期。
14. 徐大军：《元代曲家杭州行迹述略》，《杭州师范学院学报》（社会科学版）2005年第3期。
15. 王延伟：《北人南迁与元代杭州的杂剧》，浙江工业大学硕士学位论文，2009年。

16. 晏锦茹：《元代商业发展与元杂剧的创作》，《文教资料》2019年第21期。

17. 元鹏飞：《元杂剧涉商剧目浅探》，《山西师大学报》（社会科学版）2001年第2期。

18. 张清宏：《〈武林旧事〉中的杭州茶事》，《中国茶叶》2012年第8期。

19. ［韩］吴元敬：《宋代都市茶文化：茶馆》，《宋史研究论丛（第十三辑）》，河北大学出版社，2012年。

20. 吴瑕：《两宋都城居民的游憩活动》，四川师范大学硕士学位论文，2009年。

21. 王福鑫：《宋代旅游研究》，河北大学博士学位论文，2006年。

22. 王玉欣：《元代江南旅游业及其影响探析》，《兰台世界》2015年第24期。

23. 张磊：《元代汉地的治安体制初探》，内蒙古大学硕士学位论文，2009年。

全国文化名人下杭州

梗概：杭州在元代成为文化艺术活动重地，雅集和诗社众多。马可·波罗在当地文人的引领下，探访影响颇巨的宗阳宫文艺圈，并了解到在赵孟頫和当地艺术家大力推动下，杭州成为文人画创作中心之一，而书法方面，杭州也是全国书法家人才聚集地。

这天，三人约定去酒楼的雅集一看，却是没能成行。原来两位使者接到伊儿汗国大汗的千里传书，按照大汗的指示去执行任务了。马可·波罗虽然有些扫兴，但是想到一个绝佳伙伴——杭州戏剧家萧德祥。萧德祥以医为业，痴迷写戏，出了《四春园》《小孙屠》《杀狗劝夫》等多部作品，是吟诗弄词的好手，自然是当地玩家。况且马可·波罗已托人告知自己来杭州，故友定是要见面说些话的。正想着，就有店家通告，萧德祥已经在门口等待了。马可·波罗正好趁此机会把杭州文人雅集的情况好好了解下。

文人雅集是中国文化史上一种独特的现象。雅集包括宴游、品茗、饮酒、弹琴、下棋、赋诗、作画等活动，是文人交流思想与增进感情的方式，同时反映出文人的闲情逸致与超凡脱俗。正是这种随意性与艺术的本性相契合，使得历代文人雅集中产生了大量名垂千古的文艺佳作，可以说文人雅集是古代文士的一种文化情结与艺术状态。

文人雅集可以上溯到汉梁孝王的兔园会，三国时有西园游宴，东晋时有为人津津乐道的兰亭雅集，到元代时，雅集的风气更盛。元代的文人雅集延续多年，参与者来自全国各地，包含的活动很多，不仅包括诗歌、书法，还有歌曲和舞蹈。雅集产生的诗文不仅收录在作者的诗文集中，还被雅集的东道主整理汇编，刊印行世。这些综合性的元人诗文集具有很高的文学价值和史料价值，而且元代文人雅集留下的书画作品，数量远远超过前代。

发展到元末，文人雅集出现了玉山雅集这座巅峰。顾瑛主持的玉山雅集，无论是参与者规模还是持续时间，都超过了兰亭雅集和西园雅集，实在令后人难以企及，甚至被后人称为中国古代文人雅集的一个巅峰。所以，有学者认为："真正的文人雅集直到元代才形成规模效应和深远影响。"

其中，雪堂和尚于至元二十或二十一年（1283或1284）在大都城南天庆寺主持的雪堂雅集，是元代前期雅集的代表。雅集的参与者虽然以翰林文士为主体，文人趣味颇浓，可许多参与者都是在朝为官的，官阶不等，主持人又是皇孙的座上客，这就难掩聚会的官方背景。到至治三年（1323），鲁国大长公主祥哥剌吉又在同样的地方召集了一次规模极宏大的集会。显然，当时的贵族阶层和官方在大力拓展文人雅集的社会影响力。

除大都外，东南地区的雅集活动就推杭州为多了，仅大德二年（1298），杭州就举行了四次集会。这里的雅集又是另一番光景了：与大都的庄重有序相比，杭州

黄公望像

的雅集是清雅而放松的，延续了南宋文人的雅集活动。任他风云变化，文人雅士们自能找到一方天地潇洒。

元代前期虽然雅集主要活动地在大都，但杭州雅集之盛也让马可·波罗有了疑问：为何此地如此之盛？

杭州是南宋的故都，历史悠久，文化氛围浓厚。经济繁盛难以尽述，再加上秀美的景色令人心驰神往，还有四通八达的水陆交通为人们提供出行之便。江南文化中心地位稳固，文人多在此聚集。

比如名列"元四家"之首的黄公望入全真教后，即往来杭州、松江等地卖卜。被称为"元人冠冕"的赵孟頫与杭州一带文化人物交往甚密，自不必说。史称诗书画三绝的吴镇自称开眼界、长见识，全因年轻时游历杭州、吴兴，饱览太湖风光，才启迪了他的创作灵感，所以他索性在杭州隐居了。与赵孟頫齐名，同被誉为元代书坛"巨擘"，并称"二妙""二杰"的鲜于枢，也选择在杭州

〔元〕黄公望《富春山居图》（局部）

定居，于西湖虎林筑困学斋，后葬于杭州西溪路原苗圃内（现杭州城西休闲公园）。诸多名家都选择在杭州生活，自然而然让杭州成为江南文化重地。

除了游谒而来的文士，还有许多南下的北方官员，常常聚会于杭州，且往来频繁。南下的北人带着北方文化而来，促进了南北文化交流，也助力了杭州多元文化的融合。比如色目世家的高克恭，高昌回鹘畏吾人贯云石，都长期定居杭州，且呼朋唤友。于是乎，这一切使杭州成为南北艺术家共同活跃的舞台，作为元代多元民族文化融合和大一统下南北文化交流的典范，引领了整个江南文化圈的文化风气。

在与马可·波罗交谈中，杭州戏剧家萧德祥说到杭州文人雅集繁荣的原因，神色不禁委顿。原来还有一个重要原因是元初科举入仕之路被堵，文士们不得不以诗文投石问路，因此江南文士常游谒杭州，去拜访文坛大家或者为官的文士，以寻觅出人头地的机会。雅集当之无愧是个广结人缘的好去处，自然受人欢迎了。

正是因为志同道合的人前赴后继，杭州形成了许多文人团体，如雨后春笋般涌现的诗社便是一个佐证。南宋末，杭州只有两家诗社，即西湖诗社和西湖吟社；到元初时，诗社数量翻了好几倍，有白云社、孤山社、两湖社、武林社、武林九友会等等，不仅数量翻倍，规模也不是前朝能比拟的。

萧德祥从当时中国文人群体中拎出宗阳宫文艺圈给马可·波罗讲了讲。不过，生活在至元二十七年（1290）的萧德祥描绘不出这个群体的全貌。

宗阳宫是宋元两代杭州著名道观，在元至元到延祐年间，此地一度聚集起一批文人学士，成为杭城有名的文艺沙龙，并且因为杨载的名篇《宗阳宫望月》在文学史上留下印迹。此文士群体，被称为"宗阳宫文艺圈"，也是元代宗唐诗风的一个传播中心，甚至"形成了一个文化圈"。

宗阳宫文人群体之所以出众，首先得益于宗阳宫本身的传奇色彩。在今天的杭州河坊街，其中连接东西河坊街的桥，叫作新宫桥。原来这新宫桥名里的新宫就是当年宗阳宫的俗称。宗阳宫原是南宋德寿宫，规模宏大，堪比皇宫大内，有"北内"之称。宋度宗时，将德寿宫的一部分新建成道宫，即宗阳宫，因此这宗阳宫算得上是"前朝遗老"了。再者，在南宋时，宗阳宫的湖光山色就已为人称道了。吴自牧在《梦粱录》中如是说："其时重建，殿庑雄丽，圣真威严，宫闱花木，靡不荣茂，装点景界，又一新耳。"

其次，宗阳宫文人群体的形成还有赖于几位核心成员。首推观主杜道坚，著名道教学士，最重要的著作是《文子缵义》十二卷，此书在清代被收入《四库全书》。他曾劝伯颜攻城不杀，并入觐元世祖，述说求贤养贤用贤之道，受到忽必烈重视，受命住持杭州宗阳宫。所以，宗阳宫因他而兴，文人群体都由他团结在一起。

宗阳宫文人群体有如此盛名，再就是仰仗赵孟𫖯。他可是元代官场和文人圈的风云人物。赵孟𫖯为宋太祖赵匡胤十一世孙、秦王赵德芳直系子孙，受元世祖、武宗、仁宗、英宗四朝礼敬，累官翰林学士承旨、荣禄大夫。更重要的是赵孟𫖯博学多才，尤其以书法和绘画的成就最高，被誉为元代初期的文人班首、书画领袖。他的朋友圈都是黄公望、钱选、鲜于枢等元初书画大家。后世追随者也颇多，连乾隆都是他的"铁粉"，可见他的个人魅力。赵孟𫖯与杜道坚相识于南宋末年，两人有师徒情分。从元贞元年（1295）到至大三年（1310），赵孟𫖯一直往来于杭州与湖州一带，总是参与宗阳宫的文学活动。有赵孟𫖯的号召力，群士云集宗阳宫的盛况可想而知。

此外，还有一位是任士林，有宗阳宫文学上的"主盟者"之称。经由赵孟𫖯牵线，任士林到杭州后就在宗阳宫开坛讲学。虽然杭州文人聚集，讲学之处不只有宗阳宫，但任士林的讲学活动有组织且稳定，有很强的凝聚力，促进了宗阳宫雅集的影响力。任士林也是杜道坚的入室弟子，著有《松乡集》十卷，他在《四库全书总目提要》又有《中庸论语指要》，并传于世。

说这三人成就了宗阳宫文人团体一点不为过，因为在他们之前，宗阳宫文人团体都是松散的。

宗阳宫雅集群体内，其他成员的身份丰富多元：或有官职，或有声望，或是土生土长的杭州人，或是外地客杭者。这一群体共 25 人。其中既有方外之人，如任士林；又有工诗者，如杨载；还有善书画者，如黄公望、赵孟頫。宗阳宫雅集群体是文化氛围很浓郁的一个团体。

不过，当时杭城内多民族文人交往已经屡见不鲜了，如前文提到的高克恭等色目人早已是南方文人厅堂的座上客。这类多民族文化艺术交流的活动，元代时呈现鼎盛之状。

说着说着，两人就到了雅集的地点。萧德祥很够意思，领着马可·波罗到处认识新朋友，还为他介绍了各人都擅长些什么。两人扫了一圈，刚打算坐下来喝杯茶，就听见一个浑厚的中年男声和一个稚嫩的少年声音争执了起来。有的人围在一旁，并不出声阻止，任他们一声高过一声争辩，有的好似已经见怪不怪，仍聊着天。

马可·波罗示意萧德祥过去瞧瞧，只听那位少年说："作画应该不求形式，只求挥洒胸中意气。"中年男人听到这话，眼皮都没抬一抬，抖搂了下衣服上并不存在的灰尘，端了碗茶，抿了一嘴才开口："作画若不写实，那还叫画吗？小孩子过家家的玩意儿罢了。"

马可·波罗心想着可不是公说公有理，婆说婆有理，难怪大家只听不说。况且这中年男人是大都数一数二的宫廷画师，大家即使心里赞同这少年，也没人想拂了他的面子。

这少年说得有理，那中年男人说得也不差。少年之所以不如中年男人那样底气十足，只是他的时代还没到来。

元代前期，文人画被宫廷画压制着，难以发展，而大都是全国的绘画中心，加之许多南方画家北上，更巩固了大都的地位。中期的杭州艺坛在赵孟頫"以书入画"的理念影响下，文人已经意识到笔墨本身可以传情达意，对文人画的创作热情提高了。到元代后期时，杭州便取代了大都，成为新的艺术中心。

杭州能够成为新的艺术中心并非一蹴而就，一大批卓越的书画家在此过程中也是添砖加瓦，助力不小。首先是隐居江浙一带的南宋遗民画家，包括赵孟頫、郑思肖、钱选、龚开等人，创作出了《秋郊饮马图》《墨兰图》《梨花图》《瘦马图》等传世佳作。其中赵孟頫这位元初巨匠，实在是不得不说，他和杭州真是有一段不解之缘。

从南宋宝祐二年（1254）到元世祖至元二十三年（1286），赵孟頫一直在以杭州为中心的江南文化圈中活动。杭州英杰荟萃，赵孟頫同聚集在杭州的著名文学家、书画家、收藏家周密，还有戴表元、白珽、仇远、王芝、郭天锡、李衎、鲜于枢等品评书画，研讨艺文，被尊称为元代书画界领袖的赵孟頫提倡的绘画美学思想，如"古意论""以书入画论"直接推动了元代文人画的发展，间接助力了杭州成为新的艺术中心。杭州这方水土滋养了他的艺术，而他又以艺术反哺这方水土。

萧德祥告诉马可·波罗，这位少年许是赵孟頫的追随者，不过，就是赵孟頫到了大概也得给这宫廷画师三分薄面。好在雅集本就是众人聚到一起，各抒己见。

马可·波罗看在眼里觉得有趣极了。集间，有位少数民族画家对高克恭的画作大赞特赞。马可·波罗知道一点高克恭，但对他的名声传到杭州一事感到几分惊讶。

高克恭是元代少数民族画家之首,有专家称他的绘画创作增强了文人画在少数民族官僚中的影响力。高克恭一生曾两次南下为官,第一次是至元二十六年(1289)到至元二十八年(1291)间,至元二十六年以后他主要在杭州一带活动,同杭州文人画家来往十分密切。第二次南下是自至元二十八年(1291)到大德三年(1299),比第一次赴杭时间长。第二次任职杭州也是他创作的高峰时期,创作了诸多精品,如《山村隐居图》《夜山图》等。高克恭既作诗又作画,他有描写杭州的题《夜山图》诗:"万松岭畔中秋夜,况是楼居最上方。一片红山果奇绝,却看明月似寻常。"他的画作也记录了西湖、吴山的景色。元初的文坛泰斗邓文原曾为他描绘杭州美景的《夜山图》题诗:"吴山面沧江,中秋气飒爽。……山远落木净,风高怒潮响。……平湖雨翻江,渺渺波荡桨。……"高克恭还经常与赵孟頫同游杭州。西湖、吴山、钱塘江都曾见证过两人的友谊。高克恭的创作自然离不开杭州文化环境的浸染。

总之,杭州的景、物、人让诗人和艺术家们受益颇深。杭州的文化艺术活动,又让这些文化艺术人士的影响力不断拓展和延伸。

萧德祥带马可·波罗认了一圈人,可是还没拜见雅集的主人,实在是失礼了。不过雅集主人现在正被一群人围着,萧德祥不方便贸然上前为马可·波罗引见。萧德祥指了指那边正在挥毫的雅集主人,扫了一眼站在他身边的人,对马可·波罗说道:"想必是又得了新笔,迫不及待地要试笔。"

据《书史会要》等史书记载,元代有确切籍贯记录的书家共232位,其中江浙行省人数有123人之多,可见江浙一带聚集了大量中国书法人才,而杭州又是江浙一带的书法人才聚集地。究其原因，一是经济发达，二是文化环境宽松，佛道两教人士也都喜欢参与到书法创作中。比如张雨是元代道士书法家中最著名的人物，得到过元四家之一倪瓒的认可。他也是杭州的有缘人。张雨南下时，主持事务的道观都在杭州附近，每天来往的多是江南文士，在与他们交流往来间滋养了他的书法创作。

站在雅集主人左手边的是湖州数一数二的笔工，受主人特邀从湖州赶来参加集会。主人是杭州当地数一数二的书家，在场有不少人是为求墨宝而来，他与笔工交好是相得益彰，美事一桩。

在元代，江浙行省范围内的文人群体和笔工群体走动相当频繁，分别以吴兴赵孟頫文人群体和松江杨维桢文人群体为代表，均有许多赠予笔工的诗文为证，如赵孟頫的《赠张进中笔生》，仇远的《赠笔工沈秀荣》《赠溧水杨老》等。湖笔能在元代崭露头角，少不了文人群体的推波助澜。

不过本次雅集主人的功力确实名不虚传，虽然无缘得见著名道士书法家张雨一面，但得了一幅好字，马可·波罗已经心满意足了。

带着意外收获，马可·波罗和萧德祥先行离开了雅集。两人找了个酒楼吃了顿散伙饭。饭后，萧德祥坚持结账，说是为马可·波罗饯行。从酒楼出来两人又同行一段路，送君千里，终须一别。马可·波罗与萧德祥分手后，便直奔住处。

马可·波罗回到住处，拿着雅集上的墨宝给当地官员看。官员连连点头，赞不绝口。品赏之余，众人想到马上要离开这座传奇的城市，不舍是人之常情。再一想此去可是为了辅佐公主，又平添几分豪情。

不错，这一行人马上就要离开杭州，离开这富丽华贵的天城，往目的地伊儿汗国行进。十艘大船再次起航，同样是一艘大船在前面开路，两艘大船左右护卫。中间一艘城堡式的大船，阔阔真公主站在上面，风吹拂着她的秀发，只不过，这次她不是望着前方，而是站在船尾，与渐行渐远的杭州作别。她沉默着，实则在无言感谢这座城市对她的馈赠。繁盛的经济、秀美的景色、喧哗的夜生活，以及深厚的文化底蕴，无一不让她受益。

此时，马可·波罗在船上仍旧在欣赏那幅字，上面写着"天城"两字，主人作为东道主本想谦虚一下，奈何马可·波罗坚持。这几天故地重游，又一次用双眼和双脚描画了杭州的模样，并刻画在记忆中，他再次肯定了自己的判断：杭州的庄严与秀丽，堪为世界其他城市之冠。有生之年虽不能知道天堂是什么样，可到人间天堂、到这天城走一遭，何其有幸！

就在马可·波罗心怀激荡时，阔阔真公主正将从杭州带上船的土灌进荷包里，伊儿汗国两位使者在清点在杭州为家人朋友准备的礼物。每个人都以自己的方式回忆杭州，在回忆中作别。

参考文献

1.〔宋〕吴自牧：《梦粱录》，文渊阁《四库全书》影印本。

2. 谭志湘、李一：《中华艺术通史·元代卷》，北京师范大学出版社，2006年。

3.〔清〕顾嗣立编：《元诗选二集》，文渊阁《四库全书》影印本。

4. 黄端胜、雒有仓：《元代书法人才的地域分布浅论》，《吉林艺术学院学报》2020年第1期。

5. 查洪德：《元代诗坛的雅集之风》，《安徽师范大学学报》（人文社会科学版）2013年第6期。

6. 张婉霜：《元代江南文士的游谒与文坛风气》，《燕山大学学报》（哲学社会科学版）2015年第3期。

7. 石勖言：《元代杭州宗阳宫文人群体考述》，《民族文学研究》2017年第6期。

8. 刘凯：《元代艺术史分期刍议》，《东南大学学报》（哲学社会科学版）2015年第3期。

9. 王进：《元代后期文人雅集的书画活动研究》，中国艺术研究院博士学位论文，2010年。

10. 程晓珍：《元明时期书画传承的区域差异》，齐齐哈尔大学硕士学位论文，2015年。

11. 罗晶：《赵孟頫的交游与创作》，湖南师范大学硕士学位论文，2011年。

12. 杨德忠：《论元代的绘画美学与文人画兴起之缘由》，《齐鲁艺苑》2018年第2期。

13. 张冬：《高克恭山水画风格成因探析》，陕西师范大学硕士学位论文，2018年。

14. 洪柳：《周密书画鉴藏活动研究》，河南大学硕士学位论文，2015年。

15. 姚丹、顾平：《论元代江浙文人圈的形成与湖笔兴起》，《装饰》2014年第9期。

16. 薄建华：《元代道士的书法艺术——以书画题跋为例》，《中国道教》2019年第2期。

17. 郝迎超：《元代书法家张雨交游考》，沈阳师范大学硕士学位论文，2019年。

18. 许蓉：《〈马可波罗游记〉和13世纪末的杭州》，《台州师专学报》2001年第2期。

明代杭州：休闲之都

天下白银打造的城池

梗概：元代，杭州从京都到江浙行省省治，政治地位大为下降，但保持了江浙区域中心的地位，至明代则地位更降。首先行政区域的变化，使杭州失去了江浙区域中心的地位，虽然仍然是浙江的首府，但无论是从政治地位还是辖区范围来说，均与元代不可同日而语。直到明代中后期，杭州地区的经济重新获得快速发展，商业、手工业、旅游业都有长足的进步，浙江又成为诸省之首，杭州又成为东南一大都会。如此，从元初到明末300多年间，作为浙江首府的杭州，虽然在全国的地位有过升降落差，但基本扮演了东南一流大都会的角色。

晚年的张岱和陈洪绶在杭州重逢，两人回忆起少年时期在杭州的生活。这是他们的青春，也是明代中国在世界格局中成为重要贸易大国的时期。此时，大量海外白银涌入国内，海运大大刺激手工业和纺织业的发展，杭州成为海外贸易中的重要城市。

兵荒马乱，如今西湖边全都是留辫子的军队、强盗和武夫。"小品圣手"张岱伪装成一个难民，拄着一根木棍，站在水边哭泣。他痴痴地看着长堤一横，湖心亭一点，小舟一芥，而舟上却已空无一人。他独自徜徉在

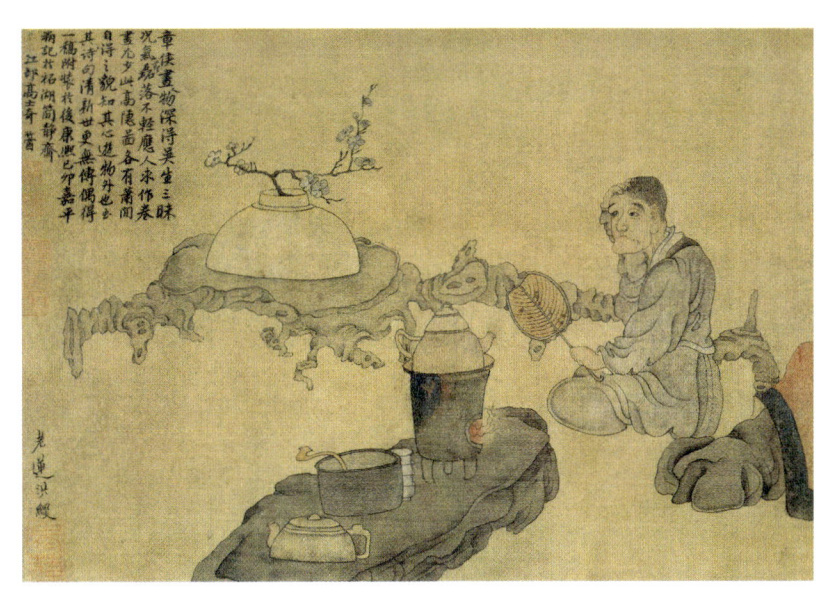

[明]陈洪绶《高隐图》（局部）

虎跑泉、灵隐寺、葛岭、苏小小墓等地，来回寻觅着早年的光影，但当年盛景已无。张岱顾影自怜，因为多情多才的他经历了明代杭州最繁华美好的时光。

张岱不禁自言自语道：

"少为纨绔子弟，极爱繁华，好精舍，好美婢，好娈童，好鲜衣，好美食，好骏马，好华灯，好烟火，好梨园，好鼓吹，好古董，好花鸟，兼以茶淫橘虐，书蠹诗魔，劳碌半生，皆成梦幻。"[1]

被称为"绝代散文家"的张岱，如今居住在老家绍兴。房子别说轩朗了，顶多能遮风避雨。身边只有个手脚已经不利索的李伯，伺候他的衣食起居。

张岱虽然生活潦倒，来杭州还是要见下老友。这天，老友陈洪绶来客店拜访，他便吩咐仆人准备酒席。没想

[1] 张岱《自为墓志铭》。

到饭馆派了个小姑娘来讨定金。小丫头看张岱这一身打扮，转身就嘀咕："酸腐文人都一穷二白了，还讲什么排场？"

李伯最听不得有人阴阳怪气地议论主人，他叫住这个小丫头，沉下了面色说道："小姑娘莫要口无遮拦，我主人家一门显赫，不是谁都能拉踩的。往远了说，张家祖上有唐朝宰相张九龄、宋代抗金名将张浚，出过云南按察司副使张天复。我家老爷曾祖父张元忭曾是隆庆五年的状元，历官翰林院修撰、左谕德兼翰林侍读，著作等身。叔祖父官至大理寺丞。父亲十四岁便才气过人补了生员，就是我家老爷也是'今之江淹'。"

话说到这里，张岱在屋内咳嗽了一声，示意李伯不要再往下说。李伯顿了顿，还是添了一句："老头子我倚老卖老再多一句嘴，小姑娘说话做事前先掂掂自己的斤两。"毕竟是高门大户出身，再怎么落魄，气势丢不了。小姑娘被李伯说了一通，脸涨得绯红，逃也似的走了。

虽然晚年的张岱对自己处境不甚满意，不过受得起李伯的偏爱。自出生起，张岱便被视为一家人的掌上明珠。少时就有神童之誉，七岁就能对对子，十六岁写出了《南镇祈梦疏》，辞藻之华美、学识之渊博可见一斑。但张岱的不拘一格，阻碍了他的科举之路。明崇祯七年（1634），他为疏通水利，治理污染，亲笔写了呈子报送绍兴府当局。崇祯九年（1636），绍兴瘟疫肆虐，祁彪佳等发起施药活动，张岱是主要组织者之一。之后，还为赈荒、禁赌、议城防出过大力气。真正担得起一句："为天地立心，为生民立命，为往圣继绝学，为万世开太平。"

即使是这样的人，手头紧了，也窘迫得很。李伯把钱柜子翻了个底朝天也没能凑齐酒菜钱，张岱只得找出两件衣服让李伯拿去当了。李伯知道那是张岱会客的衣服，是张岱的门脸儿，万万当不得。两人推搡间，没想到这衣服口袋里掉出几钱碎银子，想必是之前随手揣在口袋里的零钱。两人都喜出望外，这次酒菜钱总算有了着落。

来拜访的朋友陈洪绶，绍兴诸暨人，和张岱有点远亲关系，又是朋友。此人天资颖异，善诗词，工书法，尤精于绘事。他曾奉命临摹历代帝王像，名扬京华，后与崔子忠齐名，世称"南陈北崔"。但是明亡后，陈洪绶出家为僧，在杭州卖画，也是生活潦倒。老友相见，免不了说起前朝往事，那时杭州何等繁华，当年生活何等风流。你一句，我一句，朦胧中，杭州便浮现了。

明代，杭州路变成杭州府，仍旧是浙江的首府。其下辖的属县除了钱塘、仁和二县之外，还有海宁、余杭、临安、富阳、於潜、新城、昌化七个县。对内，杭州是江南经济的核心城市之一，是明代赋税的重要来源，重要性不言而喻。杭州居浙江之首，是东南第一大都会。这里的湖光山色，秀美灵丽，又处在山川平原的连接之处，鱼、盐、稻、丝、棉等，各种各样的货物产出于此，周边还有湖州的丝、嘉兴的绢、绍兴的茶酒、处州的瓷器、温州的漆器、金华的火腿等，杭州自然成了百货聚集地，在富庶之地中亦是首屈一指。只用两字便能概括当时的杭州风貌：奢华。所以，明代杭州人、曾任吏部尚书的张瀚言杭州："世情以侈靡相高。"

杭州临海靠江，处于备受瞩目的位置。对外，这个矗立在港湾地区的城市，为船只来往提供了便利的条件，成为外洋货物的集散地。《明史》记载："海外诸国入贡，许附载方物与中国贸易，因设市舶司，置提举官以领之。"

明代的市舶司类似今天的海关。杭州设立了市舶司，对出入境货物进行监督、检查，并由礼部派出专人管理外商在民间进行互市贸易。当时民间互市贸易的规模和数量都是非常可观的。比如景泰四年（1453），日中第二期朝贡贸易第三次遣明使团从宁波往北京前，就顺路到杭州领到货款铜钱三千万，在从杭州到宁波的途中，共领得货款铜钱三万贯。由此可见，作为浙江承宣布政使司首府的杭州，以及杭州周边地区的贸易额是非常庞大的。

张岱和陈洪绶叙旧，回忆自己的风流少年时。其实，明代中国在当时世界格局里也有极其重要的经济地位。

15世纪初，历史开启了欧洲大航海时代。作为时代先锋的葡萄牙和西班牙是大多数渴望闯荡世界的年轻人的心之所属。此后，英国、法国、荷兰前赴后继，争相进入航海的序列。先后开辟了两条新的贸易路线：一条经过非洲西海岸，往东直到亚洲；另一条经大西洋到南美洲。在这波澜壮阔的时代里，中国显得尤为重要。首先，中国是各个国家主要的目的地，是刺激航海家跨越大洋大陆的动力。各国争相开辟到中国的航线，中国如同磁极一般具有让西方难以抗拒的吸引力。

中国的生丝、瓷器、白糖等商品也是葡萄牙商人极度渴望的。一担生丝从湖州运到果阿，价格可以翻几倍。巨额的利润刺激着贸易的繁荣，白银就好像江河在其中流淌，于是大量的农夫和渔民变成了工匠和水手。再加上朝廷放松海禁，政策推波助澜，全世界的银子哗哗地往中国流。明代正德十一年（1516），葡萄牙人驾船到中国，开启了中葡两国的贸易。由于西班牙人和荷兰人还没有来到远东，实际上当时葡萄牙人垄断了整个远东的贸易。到了16和17世纪，西班牙殖民地秘鲁开采的白银占全世界开采量的60%以上，所以白银大量流入中国，以换取并输入江浙的大量丝织品。中国丝绸工艺技术先进，成本低，产量大，所以能始终源源不断地大量运销太平洋沿岸的南北美洲，数量之多，当时难以估计。曾有西班牙将军在崇祯十一年（1638）说："中国皇帝能用来自秘鲁的银条修建一座宫殿。"著名经济史学家弗兰克在《白银资本》一书中说，在16和17世纪，世界上三分之一的白银，通过贸易流向了中国。

明代中国，无论是冶铁、造船、建筑等重工业，还是丝绸、棉布、瓷器等轻工业，在世界上都是遥遥领先，工业产量占全世界的三分之二。

也许，张岱从旧时衣衫里抖落出来的碎银两，也是来自海外贸易。海外贸易在当时大大刺激了中国的农业和手工业的发展，尤其是以商品生产为目的的丝织业发展最快。杭州的互市贸易，也就是海外贸易为什么如此繁荣？这和丝织业有着密切关系。如明宪宗成化（1465—1487）末年，张瀚说："余尝总览市利，大都东南之利，莫大于罗绮绢纻，而三吴为最，即余先世亦以机杼起，而今三吴以机杼致富者尤众。"当时不少官僚士绅不是经营商业，便是兴办手工业作坊。

丝织业发达的地方，也是在东南沿海、长江和大运河沿岸三个地区。这些地区比较集中地兴起了一批商业城镇，其中以苏州和杭嘉湖宁绍五府最为集中和繁华，与此同时涌现了30余处有名的商业市镇，如杭州临平镇、湖州新市镇。当时有民谚说"买不尽松江布，收不尽魏塘（今属浙江嘉善）纱"，可谓盛况空前。

到了万历以后，苏州出现了机工和机户，我国封建社会内早期的劳资关系就在纺织业最发达的苏杭地区首先出现了。

张岱和陈洪绶少年时享受过这股经济大潮的福利，如今都经历过大起大落。一个是文人，一个是画家，都是至性至情之人，酒劲上来，一时兴起，非要重游西湖，重温当年游迹。这可闹了不少笑话。

参考文献

1.〔明〕张岱：《陶庵梦忆》，《粤雅堂丛书》影印本。

2.胡益民：《张岱评传》，南京大学出版社，2002年。

3.何芳川：《澳门与葡萄牙大商帆——葡萄牙与近代早期太平洋贸易网的形成》，北京大学出版社，1996年。

4.杭州市政协文史资料委员会、杭州文史研究会编：《明代杭州研究（上）》，杭州出版社，2009年。

5.王国平主编：《杭州文献集成（第17册）：武林往哲遗著（四）》，杭州出版社，2014年。

6.〔明〕张岱著、夏咸淳校点：《张岱诗文集》，上海古籍出版社，1991年。

7.〔明〕张岱著、魏崇武选注：《张宗子小品》，文化艺术出版社，1996年。

8.〔宋〕张载：《张子全书》，光绪年间影印本。

9.〔法〕伯希和：《郑和下西洋考》，冯承钧译，商务印书馆，1935年。

10.〔明〕陈善等修：《万历杭州府志》，明万历七年（1579）

刊本。

11. 邹亘:《大帆船贸易的两端》,清华大学硕士学位论文,2005年。

12. 后智钢:《外国白银内流中国问题探讨（16—19世纪中叶）》,复旦大学博士学位论文,2009年。

13. 张箭:《论大航海时代及其四个阶段》,《海交史研究》1998年第2期。

14. 黄勇:《探究大航海时代的历史动因与历史影响》,《文化创新比较研究》2018年第30期。

15. 周炜琦:《大航海时代初期中葡两国发展趋势初探》,《科技风》2019年第2期。

16. 邹振环:《际天极地云帆竞:作为"大航海时代"前奏的郑和下西洋》,《江海学刊》2020年第2期。

17. 陈箫箫:《明代杭州湾北岸海防体系及演变述论》,浙江师范大学硕士学位论文,2017年。

18.〔明〕张瀚:《松窗梦语》,影印本。

从西湖房产说到杭州经济

梗概：元末明初，杭州遭遇朱元璋的围困攻城，强迁富户，以及兵火疫病的多重打击，城市人口急剧下降。杭州经济在正统、天顺年间开始复苏，嘉靖、隆庆时期步入加速发展阶段。此时杭州发展成为汇聚东西南北商品的贸易枢纽，影响力辐射范围北至燕赵地区，南至广东，西至秦晋地区，同时吸引了来自全国各地的大量流动人口。至万历年间，杭州重现繁华都市景象。万历七年（1579），浙江巡抚徐栻在《万历杭州府志》序中说："今天下，浙为诸省首，而杭又浙首郡，东南一大都会也。"至此，杭州是全国重要的经济中心和财赋基地。

张岱和陈洪绶重游西湖，见张岱祖产寄园荒废不堪，不禁回忆起明代西湖边各类名人别业以及繁荣的城市经济。陈洪绶希望张岱久居杭州，找好友借钱为其购房，借此回忆明代杭州城市支柱产业的丝织业和盐业发达状况。

张岱和陈洪绶约定，次日重游西湖。酒席间，陈洪绶看店小二一再催讨酒钱，借着酒劲，大骂了店家，把张岱拉到自己的小屋子来住。没想到天还没亮，一场大雨将他们搞得狼狈不堪。原来，陈洪绶一生寄情于诗酒，作为明代遗民,生活也是潦倒,居住的屋子竟经不住一夜大雨。陈洪绶赶紧找了厚被子盖在两人身上,又拿盆子接住漏处,才将这晚对付过去。

第二天雨歇风收,张岱建议陈洪绶换个房子住。陈洪绶说:"我已经削发为僧,四大皆空,换什么房子?"他反而劝张岱在杭州置业,方便大家相聚。张岱满不在意地笑着摇了摇头,说:"我在绍兴老家有个容身之处就行了,哪有闲钱到杭州买房子?"陈洪绶便提起张家在西湖边的祖产,张岱只是摇头不言。这让陈洪绶更是好奇起来,觉得帮他出些力是义不容辞的。

陈洪绶虽说生活潦倒,但是倾慕他笔下功夫的大有人在,只是他向来"急令画,不画。刃迫之,不画",所以手里存不下闲钱,然而这次为了吸引张岱回杭州住,他准备主动找找那些愿意花钱的人。但是,张岱对陈洪绶的建议拒绝得非常干脆。

不过,这一天两人出门,出游西湖,那是必须的。张岱对西湖那可谓魂牵梦萦。

1654年(清顺治十一年)的一天,两人出游西湖,张岱边走边伤感起来:"西湖无日不入吾梦中,而梦中之西湖,实未尝一日别余也……"

张岱说是不在杭州买房子,可还是忍不住带着陈洪绶走向张家的祖产寄园,但是一阵失落感擒住了他。

原来西湖不仅有山林之胜,而且近邻城市,交通亦极为便利,作为园林的选址,是再合适不过的了。在南宋期间,西湖周遭大多为王公贵戚、内侍高官所占。《梦粱录》记道:"西林桥即里湖内,俱是贵官园圃,凉堂画阁,高堂危榭,花木奇秀,灿然可观。"元时,虽一度沉寂,仅余星点错落在湖山之间。不过到了明代,尤其是明中叶以后,中下层文人仕宦、退隐清流甚至外地的富商巨贾,都喜欢在西湖山水间修筑自己的园林。西湖私家园墅开始进入繁盛期。

西湖旁私家园林鳞次栉比,诗人张杰在《柳洲亭》中特意写道:"谁为鸿蒙凿此陂,涌金门外即瑶池。"这里的涌金门,就在现在的柳浪闻莺公园右侧。张岱家的祖产寄园就在这个黄金地段。

张岱清楚地记得过小桥向北是祖父的寄园,张岱祖父张汝霖曾官至广西参议。张岱六岁的时候,祖父张汝霖带着他在杭州会见吴中名士陈继儒。陈继儒听说张岱擅长对对子,便指着屏风上的李白骑鲸图道:"太白骑鲸,采石江边捞夜月。"张岱立刻对道:"眉公跨鹿,钱塘县里打秋风。"陈继儒听后大笑,不仅夸赞张岱聪敏,还称张岱为小友。后来寄园到了他父亲手里,又进行了修缮,"先大夫以三百金折其华屋,徙造寄园"。崇祯五年(1632)十二月的一个晚上,张岱就是从这里下船到湖心亭看雪,写下了《湖心亭看雪》的名篇。如今,国破家亡,张家祖产寄园早已残破不堪。

张岱回忆,寄园的近邻就是戴澳的别墅。戴澳,字斐君,曾任应天府丞,著有《杜曲集》;奉化县曾传"钱粮共二万余,戴氏居其半"。向南是钱象坤的别墅,钱象坤,字弘载,号麟武,为东阁大学士。钱象坤在翰林院,与钱龙锡、钱谦益、钱士升并负物望,有"四钱"之称。依此而建的别墅主人还有曾任佥都御史的祁世培;戏曲理论家、藏书家,官至吏部尚书的商周祚;明天启五年(1625)的状元,后曾任翰林院修撰的余煌;曾任吏科给事中的陈襄范。他们的院子都汇集在一处。再

涌金门遗址标识

　　远一点的别墅，则是孝廉举人黄元辰的池上轩、富春人周中翰的芙蓉园。张家西湖边的邻居们非富即贵。遗憾的是，张岱此时看到的这些西湖别墅群"半椽不剩，瓦砾齐肩，蓬蒿满目"，大有"故宫离黍，荆棘铜驼"之感，几乎令他"恸哭而返"。

　　陈洪绶是乐观派，既然来到西湖边，怎么能不仔细走访一下这些园子？也许能找到创作灵感呢。张岱就被陈洪绶拉着继续闲逛。

　　西湖除了涌金门一带的别墅，南屏山一带是明代文人园林别业最密集的地方，西湖十景中的"南屏晚钟"和"雷峰夕照"两景即出于此。这里峰峦吐秀，怪石林立，奇树参差，幽篁无数，早晚可听寺庙钟声，晴雨可赏西湖景色，是读书吟诗的好地方。在明代，这一带先后建

〔明〕齐明　西湖十景图·南屏晚钟

有孙太初别业、黄汝亨读书处——寓林、虞淳熙读书林、包涵所南园、僧广洐藕花居等众多园林。钱谦益称其好友李流芳"有高世之志，才气宏放，不可绁羁"。但这位明代诗人、书画家，"嘉定四先生"之一的李流芳非常喜欢西湖，在西湖专门造了一个别业，叫作南山小筑，坐落于南屏山中。据他的诗词可知，他的南山小筑有个清晖阁，不仅可以眺望雷峰塔，还可以领略湖光山色。

在明代西湖的私家园墅中，有相当一部分是官宦的退养之地。坐落在涌金门外的两峰书院是明刑部尚书、太子太保洪钟的别墅。钱塘门外稍北，有来鹊楼，是邑人张文宿别墅。葛岭山下的"小辋川"，为明万历年间云南参政吴大山仕归所。明万历年间的冯梦祯，辞官之后，结庐于西湖孤山之麓，买下建房用地花了九十金，耗费了他在南京国子监任职期间的大部分积蓄。

明代的杭州除了湖景别墅，还有山景别墅。比如张岱在灵隐韬光山下读书长达七月之久的"峋嵝山房",当年陈洪绶和他就是在此相识,并成了终身挚友。峋嵝位于灵隐韬光山下,明代文人极喜此地清幽的景致。有位武林人李芝,号峋嵝,就住在韬光山下,造山房数楹,尽驾回溪绝壑之上,溪声淙淙出阁下,"峋嵝山房"只是其中一个房产项目。张岱形容"峋嵝山房"是"逼山、逼溪、逼韬光路,故无径不梁,无屋不阁。门外苍松傲睨,荫以杂木,冷绿万顷,人面俱失。石桥低磴,可坐十人。寺僧刳竹引泉,桥下交交牙牙,皆为竹节。天启甲子,余键户其中者七阅月,耳饱溪声,目饱清樾。山上下多西粟边笋,甘芳无比。邻人以山房为市,蔬果羽族日致之,而独无鱼。乃潴溪为壑,系巨鱼数十头。有客至,辄取鱼给鲜。日晡,必出步冷泉亭、包园、飞来峰"。这样的山景房的生活也是别开生面。

在杭州一众达官富商建造的著名园子里,首推明代曾任福建提学副使包涵所的私墅。他有南北两座宅子,南园在雷峰塔下,名为"包衙庄",北园在飞来峰下,名为"青莲山房"。即使富贵如张岱,面对这座宅子时,当年也由衷地感叹道:"西湖大家何所不有,西子有时亦贮金屋。"可见其豪华精美。

明代时,杭州涌现繁盛的私家别墅,背后有许多推手。首先是明中后期政治管制放松,封建等级制度外强中干。其次受到两股风潮的煽动,一是奢靡之风,二是隐逸之风。最后,也是最重要的原因:当时经济高度发达。

杭州素来有东南第一大都会的名头。明代经济虽暗淡了一段时间,但嘉靖以后得到了恢复和发展,到万历年间,又是熙熙攘攘的繁盛景象了。如明代理学家、易学家章潢所书:"舟车所辏,湖山所环,其四方之游士贾客，肩摩踵蹴。"杭城里里外外的街巷，绵延铺展开去几十里，其繁华颇受地利之便，这里能把杭嘉湖平原及附近地区的经济联系起来，成为浙江省内各地商品的中转地。在杭城街道上放眼望去，水路塞满了行船，陆路挤满了车马；商人、商品从四面八方汇集而来，嘉兴的绢、湖州的丝、严州的漆、金华的酒、衢州的橘、绍兴的茶和酒，总之，五湖四海的玩意儿在这儿都能找到。

虽说在南宋时，杭州的商品经济已经非常发达，按理说明代时经济发达算不上什么新鲜事。如果这样认为，那便是只知其一，不知其二。南宋时杭州的经济是为政治、军事以及王朝统治服务的，因此多是官营。繁荣是不假，但不够稳定，一旦政治支撑消失就容易滑坡。而明代的杭州有所不同，政治功能比重下降，经济功能占主导位置，这繁荣扎扎实实是建立在经济发展上，是十分牢固的。

明代时发达的商品经济产生的影响不小。一是催生了资本主义的萌芽，这最早发生在手工业中。生产规模发展到手工业工场，织具和织工的数量都有所增长，并且出现了雇佣关系，织工完全凭借自己的技艺取得佣金，若嫌低，可随意调换工场。二是促进了市场网络的形成。由于商品经济的发展，在杭城周围渐渐发展起来一大批卫星型市镇，有临平、塘栖、瓶窑、笕桥等。其中既有日出为市、日落而散的临时性贸易市场，如杭城内的东花园市；也有府县所辖的市镇，如交通、商业都很发达，隶属钱塘县的北郭市；另外还有专业性市镇，如余杭的瓶窑镇专营陶瓷，丽水则专门制造龙泉瓷，湖州以生丝出名，甚至生丝直接叫成了湖丝；再就是各县县城，既是政治中心，又是商业活动中心。

杭州和周围城市相互依赖，周围城市靠杭州带动经济发展，也就是说杭州城市经济的消费性很强，甚至可以说是奢侈了。时人评说：吴地风俗之奢靡，没有任何地方比得过苏杭。有人寸地不耕却能口食膏粱，不织一根线却能身披锦绣，这样的人不知道有多少。此地居民按时出游，出游必坐画舫、乘车舆，吃必珍馐美味，玩必赏舞听曲，怎么一个奢字了得？

杭州繁华奢侈之至，怪不得做了明代遗民，即使穷困潦倒，陈洪绶依旧能找到一些富朋友来帮忙接济张岱。要不怎么说瘦死的骆驼比马大呢？修葺寄园是不可能的了，但是在杭州为好朋友张岱买个小房子势在必行。他想起早前发达时借过钱给陈东升，后来自己颠沛流离，这陈东升倒是时来运转，所以他打算找上门去碰碰运气。张岱虽然早放弃换房，但被陈洪绶入情入理、连消带打地掐灭了这个想法。最后张岱表示要同他一起去，共进退才是好哥们应该做的事。陈洪绶又找人打听了消息，原来这陈东升从前是做棉纺织生意的，现在做上了丝织品生意。可别小瞧这一字之差，做的买卖变了，说明做买卖的对象也变了。简单说，这陈东升肯定是发了。张岱看出来陈洪绶心中有些不是滋味，自己何尝不是呢？三十年河东，三十年河西，世事就是这般斗转星移。

做丝绸买卖发财在情理之中，明代杭州丝织品品种繁多，有绫、罗、苎纱、纱、绢、绸等。杭州的丝织品历来受欢迎，大城市不说，就连偏僻的江西铅山市场上都有"杭绢"出售。明代杭州的丝绸贸易有多繁荣呢？文学史籍中历来不乏记载，如张瀚在《松窗梦语》中如此描述杭州："桑麻遍野，茧丝绵苎之所出，四方咸取给焉。虽秦、晋、燕、周大贾，不远数千里而求罗绮缯币者，必走浙之东也。"他还认为东南之利，没有什么比罗绮绢纻获利更大，其中以三吴地区为首，该地凭借机杼发家致富的人家尤其多，可见江南地区丝绸贸易的盛况。

杭州的丝绸之所以能销遍全国，运河起到了至关重要的作用。贯通南北的京杭大运河将各大经济区域连成一片，是经济发展的命脉所在。运河还为丝绸贸易提供了便利的水上交通条件，极大地促进了南北经济交流。而杭州作为运河流域的大型商业城市，作为全国主要丝绸中心，是全国甚至是全世界丝绸商人的聚集地。运河将各地的商人带来杭州，又将杭州的丝绸运往五湖四海，乃至海外。全国蚕桑丝织业最发达的杭嘉湖地区每逢新丝上市，各富商巨贾，如徽商、闽商、粤商、晋商、秦商便从四面八方赶来，贩卖丝、绸、绢。若没有运河，哪有生意做得成？在繁盛的丝绸贸易带动下，丝绸市场不断扩大，并涌现了一批丝绸专业城镇，杭州的塘栖和临平便在此列。

江南地区丝绸贸易繁荣，还得益于社会风气改易，人们对丝绸的需求增加。明初，为凸显统治阶级尊贵的地位，朝廷对服装的布料及花样下了明文规定，不准僭越。当然，绫罗绸缎不是一般百姓消费得起的。到了成化年间，便出现军民的衣裳器具多有僭越的现象，普通百姓也开始身着锦缎了。到嘉靖、万历年间，丝绸之风竟大盛，各阶层都追求丝绸华服，一时间真是"金玉其相，锦绣其饰，扬扬闾里"。

江南绸缎如此受欢迎，说明其具有难以匹敌的竞争力，最为核心的优势是量大质优且价廉。在生产、规模、品种、质量几方面都独占鳌头，成就了江南丝绸在全国市场上稳固的地位。杭州作为丝绸贸易的中心自是不必赘述。而这又与官营织造机构的设置有密切的关系。明代官营丝织机构分为中央和地方两大系统。地方官织机构共二十三处，江浙地区数量多且集中，最大规模织染局有二，杭州占一份。到了明代中后期，杭州的织染局由地方织染局演变为向皇室特供的织染局，可见其地位之特殊。

明代丝织业发达至此，即使经历了一些兵荒马乱，陈洪绶认准此去定不会空手而回。想着想着，那房子仿佛已经是囊中之物了。没承想，到了陈府，连陈东升本人的面都没见到。许是陈东升交代过，看门的小厮听说是陈洪绶来了，赶紧通知管家，管家把他们领到厅上沏好茶，让两人稍等，并告知已派人通知陈东升了。这两人晌午刚过就开始等，茶喝了好几碗，嘴都发苦了还不见人回来，眼见得天就要黑了，两人心里都有些着急。

原来陈洪绶做事很是随性，已经与牙婆订了一套。那牙婆很会看人眼色，见陈洪绶性急，便说那房子紧俏得很，若不早点付定金，明天她还领其他人去看房。陈洪绶和张岱都是富家公子出身，自然牙婆说什么都信。

牙婆是古代商品经济的重要构成因素。牙人主要有五大职能：第一，代客收买货物。明代小说中有不少牙人代客收买的情节，具体指牙人协助带着资本而来的客人选择有利可图的商品贩卖到其他地方。明代商人大多仍是亲自上牙行收买货物，但到明代中后期，江浙地区已有商人将资金委托给牙人代为经营了。明代晚期商业发展呈现规模化特点，牙人在商业发展中不仅是货物收买的中间人，还能通过将商人的资本深入生产周转而从中获利，这种经营方式对古代商品经济的发展意义重大。第二，代客出货。做生意无非就是从买到卖，或从卖到买，大多数情况中间少不了牙人参与。牙人代客出货是明代主要的销售模式，不论是官方买卖，还是民间的铺户买卖、长途贩运买卖一般都离不开牙人，同时，通过牙人控制商人缴税的政策也增加了牙人参与商贸业务的必要性。第三，充当歇家。明代歇家牙行是一种综合的商业经营模式，集买卖、住宿、借贷、货栈于一体。牙人在旅店中招揽生意自宋代就出现了，明代牙行人数众多，只有不断提升服务的质量和环境才能提高竞争力。第四，代雇车船人丁。牙人本只需附注商家船户、籍贯姓名、路引字号，但牙行竞争实在激烈，为了留住客人，牙行必须提供更加周到的服务，代雇车船脚夫越来越普遍了，埠头往往有专门联络安排用船的牙行。第五，平稳物价。牙行干的就是互通有无的活儿，及时掌握商品交易信息、物价变化信息是基本技能。商人也是通过他们了解行情。牙人在明代经济活动中发挥着重要的连接作用，通过他们进行交易是最集约高效的方式。

陈洪绶知道这些牙人神通广大，他们都有三寸不烂之舌，没准明天真能把房子卖出去。要是错过了这套房，再找价位合适又能看上眼的可就难了。这头陈洪绶火急火燎的，而那一头的陈东升还真不是故意晾着他们两人。陈东升新交了个朋友，这朋友是做盐生意的，这天朋友喜得麟儿，陈东升备了厚礼前去祝贺。其实大家都是明代遗民，借此打听彼此的近况。

盐老板，在明代的生意会做得怎么样呢？

其实，明代官府对食盐交易管控得很严格。一方面通过控制盐户和盐场，垄断生产资源；另一方面推行"开中法"，即商人可以通过运输粮草到北境换取盐引，凭借相应的盐引到批定的盐场取盐，然后往相应地区销售。两浙盐场是主要产盐区之一，许多官员权贵都想尽办法掌控盐引。

杭州是两浙都转运盐使司所在地，各地盐商云集杭州，盐税的缴纳、盐利的使用，尤其盐商及其家人的奢侈消费极大推动了杭州的经济发展。盐业丰厚的利润让商人们具备了雄厚的财力，使其加大了对子弟的教育投资。盐商在官员的支持下，在杭州建了不少书院，如崇文书院、紫阳书院等等，不仅造福了盐商子弟，还为两浙乃至江南培养了许多人才。

可见盐业确是个油水很大的行业。

原来陈东升想让自己的儿子做盐生意，但凡知道对方有点门路就往上凑，其实送了不少冤枉礼。回来的路上，陈东升听说陈洪绶上门，赶紧往家赶。好在张、陈二人还没走。他对张岱本就非常仰慕，只是无缘结识，于是好好摆了一桌酒招待两人，还想让他们留宿，两人执意不多叨扰。陈东升便招呼管家递上一百两银票。陈洪绶大惊，这远远超出了当初借给他的数额。陈东升是个知恩图报的人，坚持要陈洪绶收下。陈洪绶也便不再推辞。

从陈府出来，两人都很高兴，许久没有喜事了，马上到来的乔迁之喜让两人都有些兴奋。陈洪绶提出去湖墅一带的夜市逛逛，难得今天办成了件事。张岱也愿意去看看人间烟火，两人便欣然叫了一艘船前往。没想到这一逛，还逛出一段奇遇。

原来船在水上航行，两人向船家又要了一壶酒，赏月品酒，不亦乐乎。突然听到岸上有个小孩在唤他们。两人探出船舱，原来是一位女郎在命童子问他们："相公的船肯载我女郎到一桥否？"

这两位公子兴致正好，当即叫船家靠岸。等女郎和童子上船，张岱好奇地问："女郎家住何处？"这女郎只是笑而不语。两人更是好奇，请女郎和童子共吃共喝。没想到这个女郎毫无扭捏之态，居然也跟着他们喝酒闲聊。等到了一桥，女郎携童子和两人告别，飘然而去。这身影，顿时让大画家陈洪绶好奇心膨胀。船家离岸，正欲前往湖墅。陈洪绶连连摆手，拉着张岱下船。

"这是干什么？这一带荒郊野岭的。"张岱故意笑话陈洪绶。

陈洪绶却摆摆手，很严肃地极速前进。

原来是暗暗跟踪这女郎，想知道女郎到底是哪户人家的。却没想到，女郎携童子走过了岳王坟，便消失不见。这么偏的地方，怎么会有人家呢？这情景，活脱脱的"聊斋"，而陈洪绶还拉着张岱，继续在女郎后面偷偷跟踪。

一段奇遇佳话自然被张岱写到了书中。

参考文献

1.〔明〕孙世芳修、栾尚约辑：《宣府镇志》，台北成文出版社，1968年。

2.〔明〕张岱：《西湖梦寻评注》，俞琼颖评注，上海三联书店，2014年。

3.〔宋〕吴自牧：《梦粱录》，文渊阁《四库全书》影印本。

4.〔明〕张岱：《西湖梦寻》，《武林掌故丛编》影印本。

5.〔明〕张岱：《陶庵梦忆》，《粤雅堂丛书》影印本。

6.〔明〕章潢：《图书编》，文渊阁《四库全书》影印本。

7.〔明〕陈善等修：《万历杭州府志》，明万历七年（1579）刊本。

8.〔明〕王士性：《广志绎》，中华书局，1981年。

9.〔明〕张瀚：《松窗梦语》，影印本。

10. 杭州市政协文史资料委员会、杭州文史研究会编：《明代杭州研究》，杭州出版社，2009年。

11.〔明〕余继登：《典故纪闻》，中华书局，1981年。

12. 孙忠焕主编：《杭州运河文献集成》，杭州出版社，2009年。

13. 余焜：《明代浙江地区书院发展情况考释》，《嘉兴学院学报》2017年第2期。

14. 竺小恩：《由〈金瓶梅〉看明代运河流域丝绸文化的繁荣》，《浙江纺织服装职业技术学院学报》2017年第1期。

15. 陈学文：《明代杭州城市经济的发展及其特色》，《浙江学刊》1982年第2期。

16. 范金民、夏维中：《明代江南丝绸的国内贸易》，《史学月刊》1992年第1期。

17. 张剑锋：《试论明清官营丝绸织造及其织物典制》，《纺织报告》2019年第5期。

18. 李潇：《明代牙人、牙行的职能与商牙关系的探讨——以明代小说材料为中心》，《东南大学学报》（哲学社会科学版）2014年第5期。

19. 刘霞、袁新苗：《明代浙商发展概况及商人社会地位综述》，《现代物业》（中旬刊）2013年第3期。

20. 唐丽丽：《明清徽商与两浙盐业及地方社会研究》，安徽师范大学博士学位论文，2014年。

21. 陈学文：《明代杭州的夜市》，《浙江学刊》2007年第2期。

杭州专心滋养学霸

梗概：明代前期强化封建文化专制，直到中期"阳明学"的兴起，才激发了知识界的思想和学术热情，在各个文化领域创造了丰富成果。作为东南经济贸易中心的杭州，同样成为人文交流和文化创新的汇聚之地，自明代后期杭州成为经世实学派人士学术交流和思想发布的重地，尤其是作为明末以耶稣会人士入华为桥梁的"西学东渐"重镇，在中欧两大文化体系的首次大规模交流和碰撞中，扮演了举足轻重的角色。

历来杭州地方官员重视教育，尤其是明代输送给朝廷的人才颇多，比如"西湖三杰"之一的于谦，"三元及第"状元商辂。杭州之所以成为学霸之城，除了经济繁荣之外，还因为官方重视的办学机构，注重学术讲辩探讨的民间书院，以及各类文学世家扶持的学习交流型社团等因素使然。

南宋时期，杭州是全国教育中心；元代建有杭州路儒学；明清两代，设有杭州府学、县学等官办教育机构。兴办学校依旧是地方官员的一大要务。

明代某年，巡按大人来杭州一家书院考察，随机选一名学生说学习心得。巡按大人看到一位学生风骨秀整，便点他讲。没想到这个学生准备开讲时，突然下跪。巡按大人一惊，问他为何下跪。这个学生说道："所讲高皇帝《大诰》篇，不敢不跪。"说完，大家表示理解，准备听他怎么说，又听他说："各官皆宜跪。"巡按大人心想：他讲的是太祖，他跪我站着，岂不是对太祖不敬？于是他便也跪下，其余人见巡按大人跪下，也都跪下了。这学生的大名就此远扬。

这是谁家的孩子，居然使得巡按大人都下跪？

原来他的曾祖父曾任杭州路总管，遂迁居杭州钱塘县太平里。其祖父于文大是洪武朝的工部主事，父亲则隐居不仕。七岁时，有个和尚惊奇于他的相貌，说："这是将来拯救时局的宰相。"八岁时，他穿着红色衣服，骑马玩耍，邻家觉得很有趣，戏弄他说："红孩儿，骑黑马游街。"他应声而答："赤帝子，斩白蛇当道。"下联不仅工整，而且显露出非同寻常的气势。

这个学生在永乐十九年（1421），考取辛丑科进士，从此踏上仕途。其实他会试第一，殿试才得了三甲第九十二名，是因为"策语伤时"，永乐帝觉得他太飘了。这个有个性的学生就是历史上鼎鼎有名的杭州人于谦。

政治上，他为民请命，不怕权贵，受人排挤也无所谓。军事上，他主张兵贵在精，倡导"将士相习"以及"管军者知军士之强弱，为兵者知将帅之号令"等。其所创建的团营之制，对明代的兵制影响很大。

因为刚正的秉性，于谦得罪了当时手握重权的大太监王振。王振设计诬陷于谦"用人唯亲"，要将其入狱问斩。最后还是百姓与王公贵族联名上书，于谦才逃过一劫，

于谦祠

但是职位却是降低了。

后来明朝遭到瓦剌入侵，因于谦具有军事才能，这才再次回到朝廷，当了兵部左侍郎。王振此次怂恿明英宗御驾亲征，于谦劝解，可是英宗全然不听，最后被俘。朝廷群龙无首之际，还是于谦守护京都，扶持朱祁钰继位保住了京城，并大败瓦剌。最后瓦剌不得不放回了英宗。后来英宗重新登上皇位以后，却要杀了于谦。

但是在国家危难之际，于谦真正做到了齐家治国平天下，也做到了君为轻，社稷为重。于谦死后，葬于杭州。明孝宗弘治二年（1489），追赠于谦为特进光禄大夫、柱国、太傅，谥肃愍，赐祠于其墓，题为"旌功"，由地方有关部门年节拜祭。万历十八年（1590），改谥为忠肃。杭州、河南、山西都是历代奉拜祭祀不止。清乾隆十六年（1751），乾隆帝南巡，题写匾额"丹心抗节"。后人将于谦与岳飞、张苍水并称"西湖三杰"。

当年南宫复辟，明英宗还把另一个杭州人革职，这就是历史上非常有名的"三元及第者"商辂。戏曲《三娘教子》中有这样一句唱词："商辂儿幼年间诗文盖世，秦甘罗十二岁人称神童。"商辂的鼎鼎大名在民间流传了几百年。要知道，在明代的277年中，全国共组织科举考试91次，录取进士2万多名，其中能夺得乡试、会试、殿试都第一的少之又少。读书厉害到了这个地步，想不佩服都不行啊！

商辂，字弘载，淳安人。这位"学霸中的学霸"的父亲，只是一名县吏。据说他出生的时候，知府看见吏员们住的地方有光，便问最近谁家有事。商辂的父亲说他生了一个儿子。知府很惊讶，嘱咐他的父亲："你要好好抚养，这孩子将来必大贵。"

在淳安当地，至今还流传着很多关于商辂的传说。据说商辂从小聪明机智，看的书过目不忘，记忆力惊人，被方圆百里的乡亲们誉为神童。他进京赶考之时，乡邻争先恐后为其打造帆船，整理行装，配制干粮。有一膳师花了三天三夜制得一糕，道与商辂："此糕需随身携带，不到万不得已，不得食用。"商辂紧记在心，不料半路上遇狂风暴雨，被困湖中七七四十九天，所带干粮大多霉变，无法食用。幸得膳师所制之糕，商辂每天吃一点才得以保住性命。状元不忘膳师再生之恩，高中后返乡，回敬膳师重礼一份，打开一看，顿时香气四溢，原来是用红丝绸系花、御厨特制、明英宗御题"状元糕"三字的香糕。

商辂被明英宗革职，居家十年，赋诗自娱，讲学于庐山白鹿洞、铅山鹅湖。宪宗时复起用，在内阁十年，因汪直专权，辞归故里。有同僚曾去探望他，见他儿孙满堂，不禁感叹道："我与你同朝为官十多年，从没见你错杀过一个人，这或许就是上天对你的报答吧！"商辂又过十年而卒，追赠太傅，谥文毅。这位三元宰相工书诗，长文史，著有《商文毅疏稿略》《商文毅公集》《蔗山笔麈》《宋元资治通鉴纲目》等。

据当地资料介绍，从唐至清，仅是千岛湖所在的淳安县就出过3名状元、1名榜眼、1名探花，共308名进士，出版著作700多部，共2800余卷，所以也有"文献名邦"之誉。

科举制度到了明代逐渐趋于成熟，高级官员绝大多数都是进士出身。杭州是出产地之一，共有474名学子中过进士，在江南众府中名列前茅。明代共有89名状元，杭州就有3名。商辂堪称明代杭州科举状元的代表人物。

杭州涌现出这样多的进士、状元，并非无中生有、横空出世的，否则为何不是出现在其他地方，偏偏是杭州呢？可见，这背后自有玄机。

首先，这得益于杭州发达的商品经济的滋养。其何等繁盛无须赘言，只需更注意一点，明代，杭嘉湖地区是资本主义萌芽的主要发生地之一。明代浙江共有20名状元，其中17名都是来自杭嘉湖及宁绍地区。由此观之，人才的培养少不了经济支撑。其次，丰富的藏书、发达的印刷业为考生提供了丰富的资料。浙江各地的私家藏书都很丰富，其中杭州的私人藏书始于三国时的范平，至宋代愈发昌盛，可想而知，经年累积下来，到了明代是何等浩如烟海。最后，也是最重要的原因，发达的教育机构是科举考试最直接的基础。

上溯到北宋年间，理学家陈襄任杭州知州时十分重视教育，将兴办学校视为首要任务。到南宋，杭州成为全国教育中心，官学机构十分健全，有太学、武学、宗学、临安府学等。元代又增设了杭州路儒学。到了明代，官学机构更加完善。

不同于重在科举学风的官学机构，杭州还有更注重学术讲辩探讨的书院。书院作为古代文化传播的重要机构，通常也由官府出资创建，历史地位很高。明代统治者重视文教，从浙江地区为书院置办学田、改城隍庙为书院便可见一斑。明太祖任命东阳著名学者宋濂做江南等处儒学提举这一谕令造福了浙江地区，地方官又在一旁辅助，加上浙江地区"慕文儒"的风俗，士绅乡贤均愿意为教育事业的发展添砖加瓦。一时间，浙江地区新修、复建了许多书院。由宋代前洋街太学改建而来的西湖书院是杭州最早的书院，同时也是明嘉靖、隆庆、万历年间的江南著名书院。此外，还涌现出万松书院、天真书院、吴山书院（虎林书院）、崇文书院、两峰书院、兴贤书院等。

万松书院

书院的设立为学生提供了读书的处所，还为优秀文人提供了讲坛。大师们或临时性或规范性的讲学活动、讲会，推动了学术的繁荣发展。其中万松书院、天真书院、虎林书院，因为王阳明有了别样的色彩。

嘉靖初年，王阳明希望将致良知学说宣扬开去，在其影响下，万松书院成为最早的王学宣讲地。后来在王阳明弟子薛侃、钱德洪、王臣等人的经营运作之下，天真书院成为王阳明学说的重要讲会场所之一。但是，天真书院于万历七年（1579）被毁坏，五年后复建，名为勋贤祠，保留了讲学传道的部分功能，接替天真书院负责传承王阳明学说。万历十二年（1584），王阳明的学说被纳入正统，宣扬王阳明学说的书院情况得以改善。后来浙江巡抚的甘士价同意王阳明从祀孔庙，还修虎林书院复兴王阳明学说讲会。

明代杭州书院林立，直接推动了杭州文化传统的接续和文化根底的积淀。如今杭州能书香四溢，当记明代书院一功。

除了以上这些原因，让杭州成为学霸生产之城，杭州民间既是文学社团也是学术社团的读书社，也为这座城市营造了很好的学习氛围。

嘉靖四十一年（1562），福建人祝时泰在杭州游学，和朋友在西湖上游玩，正巧碰到当时杭州八大诗社齐聚西湖，这盛况惊呆了这位福建人。其间，祝时泰与光州知州仁和人高应冕，承天知府钱塘人方九叙，江西副使钱塘人童汉臣，诸生徽州人王寅、仁和人刘子伯，布衣仁和人沈仕等分主之，以所作唱和诗，专门编了集子，还分春社、秋社二目，订购者络绎不绝。到了第二年，这八大诗社的人气更是爆棚。

在明代，类似这样的学习社团非常多，尤其是在江南。在这一学习活动中，文学世家起着支柱性作用。明代杭州有二十四家文学世家，数量相当可观。文学世家子弟引领结社风潮屡见不鲜。张岱寄园的邻居、黄氏家族的黄汝亨在杭州结"香严社"；陆氏家族的陆圻与朋友创立"登楼社"，还结成"西泠十子"；田氏家族的田汝成办"西湖书社"；等等。这些世家成员参与的社团都有一定号召力，社团集文学性和学术性于一体便是证据。

这些文学世家为杭州出产学霸准备了优质的备选人才，不仅如此，还使得杭州的文学氛围更加蓬勃涌动。当时杭州在诗、文、小说方面均生出了些人物，如官至二品并著有《松窗梦语》的张瀚，既是将士又是文才的田汝成，以及妙笔生花、写出了《三国演义》的罗贯中。一朝又一朝，一代又一代的文人搭建起来的杭州文坛，文气之盛、文风之正是他地难以匹敌的。

正因着浙江地区慕文儒的风俗，士绅乡贤均为教育事业的发展添砖加瓦，为社学、庙学和书院的建设出钱出力，加上朝廷对文化教育的重视，推动了浙江地区的文化发展，并再创辉煌。也正是有官方教学机构、书院和文学世家的鼎力相助，杭州才能一年又一年稳稳地向全国输送大量人才。

参考文献

1. 〔明〕田汝成：《西湖游览志余》，文渊阁《四库全书》本。
2. 〔清〕陈田辑：《明诗纪事（四）》，商务印书馆，1936年。
3. 吴伯雄编：《四库全书总目选》，凤凰出版社，2015年。
4. 〔清〕张廷玉等：《明史》，中华书局，1974年。
5. 许菁频：《明代杭州府文学世家的文化活动及其特征》，《江南论坛》2019年第8期。
6. 兰军、邓洪波：《王学在杭州书院的传播》，《中国文化研究》2016年第2期。
7. 余焜：《明代浙江地区书院发展情况考释》，《嘉兴学院学报》2017年第2期。
8. 张清河：《晚明江南诗学研究》，武汉大学博士学位论文，2012年。
9. 熊璐璐：《明代西湖诗研究》，浙江工业大学硕士学位论文，2019年。
10. 黄明光、李佳芳：《浙江科举状元考订、进士人数探讨及盛况背景剖析》，《浙江工商职业技术学院学报》2016年第2期。
11. 项顺贵：《论浙江籍状元的时空分布特征》，《宁波大学学报》（人文科学版）2012年第4期。
12. 黄明光、唐婧：《苏杭两地科举状元异同点比较及兴盛成因分析》，《江苏第二师范学院学报》2016年第3期。
13. 范金民：《明清江南进士数量、地域分布及其特色分析》，《南京大学学报》（哲学·人文·社会科学版）1997年第2期。

文创城为天下送书

梗概：杭州书坊生长于唐，兴盛于南宋，成熟于明代，并且发展迅猛，于明中后期迎来了巅峰。嘉靖中后期到万历年间这一时期，江南民间书坊集中出现，南京、杭州、苏州的书坊数量占全国书坊数量的近一半。作为东南第一大都会的杭州，其书坊的数量几乎占了全国数量的十分之一。

明代中后期，杭州峥霄馆主人陆云龙也被天下印书这股文化热潮席卷，乘着书船，往返于南京和杭州，周旋于众多藏书家间，销售图书。就是因为类似陆云龙这类行业翘楚的努力，四大书籍发行中心的杭州，在明代中后期夺回了出版业中心的地位。

明代的运河上，涌现出一种很独特的书船，顾名思义，这种船上装满了书。船到了码头，会有老顾客早早等候，上船后，便到棚下两侧书架上寻书。这书船内部空间并不局促，中间设书桌和木椅，供选书者翻阅时享用。而这书船的主人则早早上岸，袖子里放了一本书目单，去城里参加文人聚会，或者直奔那些熟络的官宦、生员、举子的家，所到之处必受到热情的接待，而书船主人就从袖筒内取出书目单，任由主家浏览选择。这些书船主人被人们称为"书客"。

运河一带的书香世家，喜欢从他们手里得到最好的版本和最新的作品。而这些世家，家富藏书，有时会拿出珍藏本，书客拿来以刻书流传。16世纪中叶，随着出版业繁荣，印本总量大幅增长，中国涌现出大量私家藏书。

浙江金华人、明中后期"末五子"之一的胡应麟在他的著作中提到，16世纪晚期，有四个城市远远超越所有其他城市成为书籍发行中心，这四城是北京、南京、苏州和杭州。而胡应麟本身就是典型藏书家：他生于小康士大夫之家，依靠父亲薪水和家族田产生活。10岁时就有爱书的癖好，平时节衣缩食，四处借钱，典当衣物，甚至动用妻子的银簪子，只是为了到运河和长江沿岸城市买书。到30岁时，其个人藏书已约2万卷，后来又购置浙江大宗藏书，最后总共超过4.2万卷。

这些藏书在书客眼里是奇货可居。同样，藏书家对书籍的热爱几近痴狂。

有的藏书家会运用各种各样手段防止不受欢迎的读者接近其藏书。著名的苏州藏书家叶盛（1420—1474）在藏书楼里挂上一块牌匾，名"书橱铭"，上刻对访客和子孙们的告诫："读必谨，锁必牢；收必审，阁必高。子孙了，惟学教，借非其人也不孝。"杭州藏书家张翱（生于1394年），早年嗜典籍，年长后，藏书遂富，为武林诸藏书家之首。这位藏书家将藏书楼建在岛上，让访客乘一条船穿过池塘往返于陆地和藏书楼之间，到了晚上更是禁止来访。浙江藏书家虞参政（活动于16世纪初），也把藏书楼建在岛上，但是他更反感来访者，每晚都把白天连接藏书楼和陆地的木板抽去，并在书斋门口挂了一个木牌，上书"楼不延客，书不借人"。中国现存最古老的藏书楼——天一阁的主人范钦（1506—1585），建了一条护城河来保护他的藏书楼，规定只允许自己直系男性后裔接近他的藏书，只能在白天，且其六支子孙都必须带上特别分发的钥匙一起到场才能开启藏书楼。

这些藏书家把图书当作绝世珍宝一般爱惜。而有些藏书家则实事求是，顺其自然，如杨循吉（1456—1544）认为"朋友有读者，悉当相奉捐。胜付不肖子，持去将鬻钱"。另一个藏书家项元汴（1523—1590）则在每件藏品上写下购买的价格，以免子孙出售时忘记其真正的价值。

书客要在这些藏书家里得到珍本，并非易事。但是每个行业里都有翘楚。书香世家的大老爷若听说这类书客翘楚来临，一定会推开其他事务，专程接见他。

"陆先生，沿着运河而行，从杭州到金陵，再从金陵回杭州，可有什么见闻，可曾得了什么宝书？"

本次藏书家家里来的座上客恰是杭州峥霄馆主人陆云龙。

南宋叶梦得有云：天下印书，以杭为上，蜀次之，闽最下。明代胡应麟说当时的刻本，苏、常为上，金陵次之，杭又次之。所以，杭州一度被从印书的宝座挤下去了。不过，杭州仍是书籍的汇聚地，是书籍贸易很繁盛的地方。凡武林书肆，多在镇海楼之外，及涌金门之内，及弼教坊、清河坊，皆四达衢也。到了省考的时候，流动书店就迁徙到贡院前面。到了农历二月十五，也就是汉民族传统节日"花朝节"（岁时八节之一，也叫花神节），杭州的流动书店迁徙到了天竺一带，盛况一直延续到观音诞生日。农历三月三日是水边饮宴、郊外游春的节日，接下来一个多月的时间，流动书店则来到岳坟一带，游人渐众。而梵书多聚集在西湖边的昭庆寺，此时书商都是僧人。胡应麟当时居住在杭州的小巷子里，奇书秘简，虽然经常遇到，却也不是每次都会有的。

杭州是图书市场繁华之地，因为自南宋以来，刻书非常盛行，不但刻书多，而且刻得精。但是到了元明，刻书盛况已经逐步被安徽、江苏两地所超越，万历到崇祯数十年中，由于湖州、歙县的刻工移居到南京、苏州一带，因此南京、苏州、常熟的书坊又盛极一时。当时，南京书肆不仅刻书多，质量也高，其刻印的图画和书中插图非常精美。读者一拿到刻本，通过插图线条、刻工，就可以分辨图书是否是金陵本。

当时在杭州与南京刻书中心之间活动的，只有峥霄馆。而峥霄馆是明末清初杭州影响力最大的书坊，间接地沟通了两地刻书业发展，这是其他书坊都没有的优势。

所以，世家大老爷放下琐事，专门接见书客翘楚陆云龙，才有了金陵一问。而峥霄馆主人陆云龙所掌握的消息，那一定是最周全的图书信息。

除了获得最新图书的信息，世家大老爷也会交换藏书家们的趣闻。比如，通过陆云龙打探"谢钞"的最新动态。

"谢钞"就是谢肇淛（1567—1624）抄自秘府的影宋抄本。明代以来，藏书家最追崇的是钞本书。其中"谢钞"最为历代藏书家争相收藏，至今皆是。如北京图书馆藏的明抄本《稼轩长短句》4册，卷内有"晋安谢氏家藏图书"印记。美国国会图书馆藏的明刻本《转注古音略》五卷，卷内有"谢在杭家藏书"等印记。

谢肇淛这个杭州出生的福建人，喜欢藏书，所聚达数万卷，与当时著名藏书家徐𤊹、曹学佺三家鼎足，名耀东南。除了锐意搜罗图书外，谢肇淛一听说哪里有奇书异籍，就会想办法借来抄录。所以一旦有"谢钞"流入市场，那藏书家都会蜂拥而至，抢得头破血流的。

交谈中，陆云龙也会分享近期涌现的好书被哪个藏书家截得，藏书家如何千金散去，购了什么珍品。

藏书家购书的故事，流传至今，最传神的莫过于王世贞的庄园换两《汉书》。

王世贞（1526—1590）出身江南望族太仓王氏，是典型的"高富帅"。四库馆臣评曰"考自古文集之富，未有过于世贞者"。王世贞曾跟天一阁主人范钦以及当时天下第一大收藏家项元汴等人签有互相抄书之约。项元汴收藏书画，名气极大，但王世贞也藏有让项元汴羡慕的名画，比如大名鼎鼎的《清明上河图》原来就藏在王世贞的弇山园内。王世贞在弇山园中建了五座楼，其中一座名叫"小酉馆"。胡应麟称"小酉馆藏书凡三万卷，二典不与"，这一个楼就藏了三万卷。此外另有藏经阁，专藏经部之书；"尔雅楼"专门藏宋元刻本；"九友斋"里面收藏的是他的镇库之宝——宋版两《汉书》。当时书客拿着宋版两《汉书》出现在王世贞面前，他手头没有现金，情急之下，用一座庄园换了这部书。

豪门望族购书的做派，让这位世家大老爷心驰神往，唏嘘不已。茶歇间，陆云龙便从袖子里拿出书单，特别指出这些书用的什么纸，比如最好的是江西定造的纸，薄的是毛边，厚的是毛太；哪些书的插画用的是当时最

王世贞像

好的歙县黄氏刻工,哪些版画插图是仇英、唐伯虎等著名画家的作品。当时明代不少画家参与版画创作,大大提高了图书的艺术水平,其中尤以陈洪绶为佳。他为《九歌图》《鸳鸯冢》《西厢记》等书绘的插图,还有所作《水浒叶子》《博古叶子》,皆为版画史上的经典。他的《九歌图》和《博古叶子》,雕版人都是歙县名刻工黄建中。

世家大老爷订完书,通常陆云龙还会被家眷请去喝茶。在明代,图书产业的兴旺,还带动了一批女眷消费者。对这部分女性来说,她们有能力阅读文学作品,尤其是以小说和戏曲为代表的俗文学,以至《西厢记》《牡丹亭》在闺阁中广为流传。

走出世家的大门,陆云龙遇到了更多的读者,他们热衷畅销书,特意询问有何新书问世;有的则喜欢陆云龙的点评,连载书有给劲的点评,就如同菜里放了辣椒,

〔明〕陈洪绶《西厢记》插图

看着才过瘾。所以，白天应酬完了，晚上，陆云龙则挑灯夜读，为他看中的书做点评。

那时的书客，并非一般商人，很多都是饱读诗书之人。陆云龙早年"通诸经子史，工古文诗歌"，曾习举子业，但久困场屋，遂因家贫而弃去，并转而刊刻、创作小说及其他作品。天启、崇祯年间，陆云龙在出版界异常活跃。

刻书盈利并不是很丰厚，陆云龙这类文人刻书并不单纯是为了谋利，而是在刻书中发挥自己的文学理想和融入自己的政治抱负。这是文人书坊主的一个特色。除了编撰创作外，峥霄馆还对外公开征稿。陆云龙和其他书坊主、文人之间交往很密切，经常会合作，有时候甚至是跨地域的。

杭州的书坊业竞争着实激烈。杭州书坊生长于唐，兴盛于南宋，成熟于明代，并且发展迅猛，于明中后期迎来了巅峰。尤其在嘉靖中后期到万历年间这一时期，江南民间书坊集中出现，如雨后春笋般萌发，发展极为迅速，并且刊刻书籍的种类和数量都不可同日而语。江南地区在书坊刻印业整体优势显著，南京、杭州、苏州的书坊数量占全国书坊数量的近一半。作为东南第一大都会的杭州，明代其书坊的数量几乎占了全国数量的十分之一。因为类似陆云龙这类行业翘楚的努力，杭州终于在明代中后期又夺回了出版业中心的地位。

上溯到五代十国，杭州就已经是出版业的中心；两宋时，杭州依仗独特的政治、经济地位，更是稳坐出版界的第一把交椅。到元代，虽然经历了些波折，即使流失了大量书籍、板片，但其中心地位仍旧稳固。直到明初，朱元璋下令将西湖书院旧存的前两朝的板片全部运往南京，伤了杭州出版业的筋骨。加之建阳、苏州崛起，杭州的出版业更加式微。历史就是如此跌宕。

杭州之所以能成为刻书中心，少不了刻书技术与刻书原料的功劳。明代，刻书技术在活字印刷、彩色印刷、版画几方面均有突破。此外，包括杭州在内的运河沿线周边的笔墨纸等资源非常丰富。发达的造纸业是刻印业发展的强大助力，为书籍刊刻提供了丰富的原材料。经历了宋元的积累，明代造纸业已经十分发达，浙江是纸张的主要生产地之一，尤其杭州的藤纸可谓久负盛名。早在唐代，杭州便是藤纸的一大著名产地，其中上细黄白状纸更是成为贡纸。发展到宋，杭州因为生产藤纸成为浙江重要的造纸基地。除了是产纸地，杭州地处江南，与明代名纸如连史纸、毛边纸、玉扣纸的产地江西和福建都不远，这些材料可通过水路运往杭州。

除了具备印刷的技术和原料，杭州还有丰富的藏书作为印刷内容。江南地区历来都称得上文献浩瀚，藏书家藏书的风气不绝。清代著名的图书馆学家、藏书家孙从添曾说："大抵收藏书籍之家，惟吴中苏郡、虞山（常熟）、昆山，浙中嘉、湖、杭、宁、绍最多。"藏书家为了藏书能够一掷千金，甚至不惜典卖房产。藏书家出钱出力，将散落在各处的藏书收拢过来，有的把得之不易的珍本拿去刊印，这些书籍的刊印本既可为收藏家收藏、赠予别人，还可成为刊印范本被书商买卖。杭州藏书家重地的地位，也为其刻印中心上了一重保险。

此外，明代杭州刻印业得到发展还离不开政治、经济以及社会思潮的推动。嘉靖以后，民风由淳朴而走向奢靡，人们开始在饮食、服饰、居室以及器用方面追求华美，传统的尊卑、良贱、上下、主仆等社会关系受到冲击，社会秩序失去原有的稳定性。所有这些都表明，从成化年间开始，人们价值观念出现新取向，生活方式趋于多元化，政治上进入宽松自由的时代。经济的发展，文化生活丰富，市民阶层壮大，这一切都对民间书坊勃兴起了促进作用。再就是，人们的思想得以解放。明代出现了一批主张醒悟的思想家，首推李贽为代表，他们宣扬人性解放，肯定人欲，这些与礼法背道而驰的观念深得人心，为人们心安理得地享乐确立了精神上的合理性。思想观念的解放对刻印业发展的影响虽不是立竿见影的，却是深远持久的。

此外，书籍编写者的队伍庞大多了，有上、中、下层文人，书坊主，商人。虽然中上层文人接触刻印书籍一行较迟，但在观念转变的引导下，一些处于中上层的文人逐渐认可刻印作品并参与小说作品的创作，李贽和冯梦龙便是代表。小说的评点、校注、序跋题写以及撰写时兴书籍都是中上层文人的拿手好戏。下层文人大多

《警世通言·乐小舍拚生觅偶》中的插图

是官场时运不济、科场考试失意，经济不宽裕却离不开纸醉金迷的繁华都市，故此为刻印图书进行小说创作，以谋生计，他们是刻印图书创作队伍中的主力军。

其中通俗文学类书籍，是明代杭州书坊一大重要经营类目，这主要得益于市民阶层的出现。作为新兴阶层，与专注于四书五经的士大夫不同，他们更倾向于小说、戏曲这样的俗文学以及各种各样的实用性图书。在消费需求的刺激下，书坊主们瞄准时机大量出版通俗文学，这也成为明代杭州出版业的一大特色。

除了通俗文学类的书籍，明代杭州书坊主要经营的书籍类目还包括经典类图书、科举考试类用书以及生活实用类读物。四书五经、史地著作、文人学集等经典类图书经受住了时间的淘洗和沉淀，经久不衰，是民族文化的瑰宝，无论哪个时代都会在出版业中占据一席之地。而八股范文等科举考试用书对明代杭州这个学霸生产城市而言也是不可或缺的，尤其到了明中后期，学风诡变，四书五经不再受学子们的青睐，时文成为他们的心头好。书商们从此抓取出商机，刻印出版由颇有声望的文人挑选并编订成册的八股范文。再就是实用类书籍，这类书籍与生活息息相关。比如明代商品经济极发达，商人队伍壮大，不少商人以自己亲身经验成书成册，为新手商人提供了入门指导。这类书籍实用性很强，经商旅游都少不了它们。于是乎，书商针对不同的群体出版不同类型的书，满足这个巨大的文化消费市场。

明代，经济迅速发展且人文荟萃的江南地区，自然而然将杭州孕育成一座为天下印书的城市。

参考文献

1.〔明〕胡应麟：《少室山房笔丛》，文渊阁《四库全书》影印本。

2.〔明〕屠隆：《考槃余事》，影印本。

3.〔宋〕叶梦得：《石林燕语》，文渊阁《四库全书》影印本。

4.〔清〕孙从添：《藏书纪要》，《芋园丛书》影印本。

5. 吴东珩：《明代中后期江南地区坊刻图书的传播研究》，华东师范大学硕士学位论文，2010年。

6. 赵洋：《明清杭州、湖州书坊与通俗小说研究》，延边大学硕士学位论文，2013年。

7. 张献忠：《明代杭州商业出版述略》，《北京联合大学学报》（人文社会科学版）2013年第4期。

8. 杨军、杨华林：《论明代江南民间书坊的勃兴及其社会意蕴》，《出版科学》2016年第5期。

9. 戚福康：《中国古代书坊研究》，商务印书馆，2007年。

三言二拍里的杭州休闲生活

梗概：明代，杭州城市商业的高度繁荣，吸引了全国各地大量人口移民进入。这两百万的人口中绝大部分都从事第二产业、第三产业，甚至主要就是第三产业。杭州成为当时世界顶级的高消费娱乐型大都市。到明代中后期，杭州市民追求更高端的休闲生活，甚至被世人评为"俗尚日奢"；明代杭州人张瀚称"人情以放荡为快，世风以侈靡相高"。

张岱和陈洪绶夜游西湖，巧遇小童，从明代拟话本里的杭州，追忆起明代杭州世风侈靡的休闲生活，如西湖、钱塘江和寺庙等网红打卡地，还有夜市的繁华和过节的精致享受。

上回说到，陈洪绶为张岱在杭州买房子，筹到了钱。夜游西湖，陈洪绶巧遇女郎，想跟踪女郎回家，不想被女郎识破，绕路走了岳坟。这段趣事被张岱写入文章，着实快乐了一番。陈洪绶并不生气，更是叫住张岱，在杭州又待了几日，两人怀念起青春岁月，特意去西湖寻了红叶一赏。

明末，居住在杭州的徽商汪汝谦兄弟在西湖上创制了许多画舫。其中哥哥造有"不系园",船上的设施很周全,"楼榭悉备",这是把亭榭搬到了水面。崇祯七年(1634)十月,张岱带着戏曲演员朱楚生住在不系园,原是为了看红叶。有一天晚上,"不系园"到了定香桥,不期然遇到许多客人,便集聚在"不系园"。这中间,除了陈洪绶,有南京大名鼎鼎的肖像画家曾波臣,浙江东阳的赵纯卿,江苏金坛的戏曲演员彭天锡,杭州的杨与民、陆九、罗三,还有女伶人陈素芝。饮酒期间,陈洪绶兴致高昂,取出白绢给赵纯卿画古佛像,曾波臣则给赵纯卿画肖像,杨与民弹三弦,罗三唱曲,陆九吹箫。彭天锡与罗三、杨与民唱开了昆腔,极为精妙;到了后来,更与朱楚生、陈素芝唱起了调腔,高潮迭起。陈洪绶画也不作了,唱起了村落小曲,张岱弹琴来应和他。赵纯卿笑着说:"你们都有特长,可惜我没有一样来为你们佐酒。"张岱就以唐代裴旻为例,请他舞剑。赵纯卿听了,取出他随身带着的重达三十斤的竹节鞭,模仿唐代胡旋舞的姿势舞了几圈,大笑声中,大家尽兴而罢。

听张岱回忆当年,陈洪绶也不甘示弱,说起自己二十三岁时与友人泛舟西湖,当时的江南名妓董飞仙,特意来到了游船之上,请陈洪绶为自己创作一幅绘画作品。陈洪绶向来孤傲,此时对于美女的请求,欣然应允,飞速创作。

回忆到此,两位老友大笑起来。笑声引来了一位童子。这位童子眉目如画,清新可人,好奇地问两位:"前朝杭州真是如此有趣?"因眼前西湖荒废,难免让人有此疑问。童子继续道:"我看话本里写的杭州甚是繁华,只恨未曾亲眼得见。"

"你这小童认得了多少字,居然会看话本了!话本是说书人的底本，相对比较粗糙，你要看就要看像'三言两拍'这类由文人模拟话本改写的才行。"两位老友见了这童子甚是喜爱，加上喝了酒，忍不住将明代拟话本里的杭州与明代的杭州做了个比较。

话本小说，完整的称呼应是拟话本小说。这种模拟宋元话本形式而创作的作品，是明清通俗小说中唯一以形式为划分标准的创作流派。明代的拟话本到"三言"，完成了从搜集到创作的转变；再到"二拍"，已经全是创作作品了。

拟话本里的西湖常有浪漫的爱情故事加持，这位小童因这对西湖有憧憬和向往也在情理之中。

杭州人爱游西湖，这风气得从南宋说起，当时南宋孝宗皇帝常陪着太上皇宋高宗到西湖乘龙舟游玩。即使皇帝出游，也不会清场让百姓回避。因此，湖上做买卖的，全没受到禁止。圣驾出行聚人气，百姓们多有沾着人气做生意的。自此，杭州人个个爱游西湖。

张岱忍不住又说起不系园："这座钱塘汪然明的画舫，据说只借给'名流、高僧、知己、美人'四种人，可惜现在的西湖没有如此风雅的人与物与事了。"

看小童甚是神往，张岱忍不住逗他："你要是生在前朝，可得小心。"

小童更是好奇："我又怎么得小心了？"

"相传十五夜，灯残人静，当垆者政收盘核，有美妇六七人买酒，酒尽，有未开瓮者。买大罍一，可四斗许，出袖中蔌果，顷刻罄罍而去。疑是女人星，或曰酒星。

又一事：有无赖子于城隍庙左借空楼数楹，以姣童实之，为'帘子胡同'。是夜，有美少年来狎某童，剪烛煳酒，媟亵非理，解襦，乃女子也，未曙即去，不知其地、其人，或是妖狐所化。"

明代世风时尚，女性相对其他朝代的女性来说，是有非常大的自由度的，所以她们夜深了还能在外面喝酒玩乐，更有大胆的敢于扮作美少年去戏弄他人。

陈洪绶笑了："你这样一说，这城隍庙都有趣起来了。"

张岱顿时和陈洪绶斗起气来："当年我家的诗社、琴社、戏班，那才叫有趣。何时轮到这破城隍庙了？"

陈洪绶只得岔开话题："罢罢罢！你们写文章的就喜欢拿西湖做才子佳人故事的发生地，其实钱塘江这个地方更可歌可泣。"

这童子看过《警世通言·乐小舍拚生觅偶》，英雄救美发生在钱塘江来潮时就更加地打动人。冯梦龙笔下的钱塘江潮有数丈之高，铺天盖地而来。除了潮势之急，他还描绘了时人观潮的习俗：八月十八日时钱塘潮王的生日，这天官府会牵头搭彩铺毡，长达数十里；还会大摆筵席，以钱塘江潮之天赐奇景款待外国使臣。观潮盛况在话本中不时被提及：上至帝王将相，下至黎民百姓都爱观潮，肩挨着肩、背叠着背，一不小心被挤了出去就真小命不保了。

钱塘江观潮之外，还兴起了"弄潮"。到了明代，弄潮不仅仅是生存职业，更是一种娱乐活动。弄潮儿全是艺高人胆大，他们中的佼佼者一马当先，手持彩旗，

《湖山胜概》中的三茅观潮

直奔海门迎潮。波涛起伏之间就是他们的擂台，勇士们踏浪争雄，各显神通：踏滚木、水百戏、水傀儡……让人眼花缭乱。

小童歪着脑袋，想了一番，说道："除了西湖、钱塘江，拟话本中故事最频发的地点还有寺庙。你们当年去寺庙都干些什么呢？"

"杭州人去寺庙自然是礼佛祭拜了。礼佛是一大重要习俗。一年四季，礼佛的活动也特别多。二月半，不管男子妇人都去承天寺看卧佛。冯梦龙将之写入《白娘子永镇雷峰塔》。到了四月初八释迦牟尼诞辰，街市上会有人抬着柏亭浴佛，让家家户户都能沐浴佛光，得到布施的机会。除了浴佛亲自上门化缘，七月初七英烈龙王生日那天，还有和尚直言伏望施主到寺烧香，并添些香油钱。真是：菩萨过寿，和尚添财。"

这小童却很认真，回忆自己看过的拟话本小说，说："只怕天竺寺进香的人气最旺。"张岱和陈洪绶在灵隐岣嵝山房住过，熟知这一带寺庙。到九里松，再转过黑观音堂便到了集庆禅院。到了这儿，庵、观、寺院就密集起来了。

明代的杭州人拜佛祖是大日子，就连拜祖先也是到庙里去追祭的。清明将至时，便会有和尚上门问讯，提醒门户里的人到寺庙烧香叩拜、追修祖宗。所以，去寺庙礼佛，是杭州人在一年里活动比较频繁的项目。

"总之，同西湖、钱塘江一样，寺庙对拟话本小说家们来说，也是个极妙的地方。"小童不禁总结道。

陈洪绶想起冯梦龙在《白娘子永镇雷峰塔》里多次

民国时期，雷峰塔倒掉前的西湖

写到杭州人的礼佛，顿时抓住机会笑话张岱："杭州人喜欢礼佛不假，你们文人写个话本，除了礼佛，就没有别的事情可忙？"

明代，杭州不仅仅只有西湖，钱塘江以及各大寺庙都是红尘男女喜欢的网红打卡地。其实这个城市的任何地方都是拟话本小说家的素材基地。

张岱看小童很是认真，便笑道："哪里是这些地方的缘故，单单就这个夜色，杭州就是四处活色生香。"

明代时期，杭州制造业的发达，加上大量迁入人口的汇聚，带动了杭州城市商业的繁荣，杭州市场可以买到全国各地的商品，使得"杭城内外形成一个长达 40 里的商业街区"，渐渐地，各行各业开始出现专业市场，

明代杭州：休闲之都

如官巷口的花市、炭桥的药材市、北关门外黑桥的米市、东青门坝子桥的菜市、候潮门外的鲜鱼市与猪市、衙湾的蟹市等，此外还有羊市、布市、肉市等，以满足人们生活上的各种需要。于是，杭州进入商业的规模化和专业化模式。在明朝末年，杭州城市商业还延伸到近郊区，带动湖墅一带以及候潮门外钱塘江畔一带的商业繁荣，扩大了整个城市的商业范围。

所以在明代杭州，连夜市都遍布杭城内外，且经营时间长，几乎与日市相接；夜市规模很大，不亚于日市。市镇中、店铺前，夜市摊点都错落有致地分布其间，甚至在隐僻之处只要有空当都会有摆摊之人。每当夜幕降临，人声鼎沸，肩摩踵接，尤其是游湖归来的商客士宦游兴未尽，饮酒高歌，其盛况不逊于元宵节。

寺院和山湖间自然是最热闹的夜市地。天竺寺的夜

天竺山图

晚依旧人声鼎沸，湖心亭摊位占满了整个台阶，古荡的鱼庄蟹舍隐在烟波荡漾中，西溪多的是岭云竹霭中的村摊野市，西湖上舟贩则会驾驶小船在湖中荡漾，将花卉、菱藕、荷叶、茭茨卖到游湖人的手中。

城内寿安坊，"百工技艺蔬果鱼肉，百凡食用之物，皆于此聚易，夜则燃灯秉烛以货，烧鹅煮羊一应糖果面米市食"。云锦桥一带，"官商驰骛，舳舻相衔，昼夜不绝"。杭州人"不辨昼夜"，更是"不畏风雨"，在明代时期就在吃货的道路上愈走愈远。

明代的杭州夜市分为城内和城外两种。逛城内的，主要是官宦士子和旅客；逛城外的，因为货物流转运输，大多是商民、贩客。城外夜市有北新关的北关夜市等。北新关位于武林门外江涨桥北，这里是运河南端的关口，是杭城连接运河的主要港口。货品的漕运都靠着这条交通大命脉，日夜不断，有着千百艘漕船、商船往来。每当夕阳西下，"樯帆卸泊，百货登市"，入夜则"篝火烛照，如同白日"，"熙熙攘攘，人影杂沓"，就连万历通宝背上都刻着北关夜市图。

无论是晴雨雪霜、春夏秋冬，杭州的夜市都不会无故中止。

张岱和陈洪绶回忆起明代的杭州夜市，不觉沉默，这风光真不是三言两语可言。因为明代杭城的夜市与前朝略有不同。宋代都城的夜市主要为皇族贵戚服务，而明代杭州夜市的发展则建立在经济发展基础之上，商品经济的属性很强。作为日市的补充，标志着商品经济的繁荣。这样的夜市只能在像杭州这样的江南中心城市能看到。

小童见两位不语，以为词穷，便高声说道："两位先生说的夜市，哪里还会比得过杭州四时的节日盛况？"

是呀，杭州人就连清明节，一个本应该以肃穆为底色的节日也不缺热闹。"越俗扫墓，男女袨服靓妆，画船箫鼓，如杭州人游湖，厚人薄鬼，率以为常"，这可是张岱自己说的。这一习俗在明代拟话本中也有所体现：杭州的清明节，家家都会上坟祭拜洒扫，南山和北山都是流水的车马，山野村店遍布，酒樽食箩一应俱全，到处都是喝酒的人。祭拜洒扫的人中，有船的游船，没船的便席地而坐，鼓乐笙箫响彻天地。清明正值暖春，是杭州最美的时节，"苏堤一带，桃红柳绿，莺啼燕舞，花草争妍"，处处都令人赏心悦目。除了美景，还有许多杂耍玩意儿也来凑热闹：跑马走索的、飞钱抛钹的、踢木撒沙的、吞刀吐火的。还有挑着担子卖稀奇玩物的货郎。香车美人、宝马公子汇聚在这里,行进间摩肩接踵,让人看了分外高兴。

到了最隆重的春节,这是最能见证明代杭州人生活品质的节日。大鱼大肉这样的美味,只是普通杭州小老百姓过年的食材,大富商们都有自己的菜谱。什么"豹胎""象拔""熊掌""鹿筋""猩唇"等,这些可都是当时的顶级食材。别说普通人没吃过没听过,就是现代人最多也就知道个熊掌,由此可以看出明代杭州休闲生活的繁华程度已经达到巅峰。

这些杭州富商们吃得确实不错,但他们也没有忘记乡亲父老,大多数的富商,都会在春节期间在家中摆流水宴席,无论高低贵贱,只要带着一百钱的礼金来到这里,向富商说几句拜年话,就可以坐在桌子上胡吃海喝,吃完一桌会有专人马上将盘子撤掉重新上新菜。这也让当时的杭州形成了一种风俗,凡是到了大年初一,所有的农民都放下手中要紧的活计,穿上自家压箱底的丝绸衣服,骑上平时用来耕地跑腿的马匹,穿梭往来于各个富商家中,为的就是一日三餐,天天吃上流水宴,吃个大"便宜"。富商们也是殷勤伺候,还要拿出自家酿造的美酒尽情招待,生怕自己家不阔气冷落了宾客。若是因为菜不够丰盛,让门庭冷落少了人气,对于过年图吉利的富商来说,简直比赔钱还要命。

谈到此,本是精致休闲生活代表的张岱,马上联想到自己喜欢吃牛乳酪,因为嫌外面制作的有味道,于是就在家养了一头牛,自己挤乳制酪。"夜取乳置盆盎,比晓,乳花簇起尺许,用铜铛煮之,瀹兰雪汁,乳斤和汁四瓯,百沸之。玉液珠胶,雪腴霜腻,吹气胜兰,沁入肺腑,自是天供。"显然张岱所制乳酪极美。他制乳酪的方法很多:或用鹤觞花露入甑蒸之,趁热吃,极妙;

或用豆粉搀和，沥成腐，冷吃，也妙；或用乳煎酥，或作皮，或酒凝，或盐腌，或醋捉，无不佳妙。陈洪绶也想起张岱当年因为最爱吃螃蟹，每年十月就呼朋唤友到张家吃蟹。两人你一言我一语地谈起当年盛宴美食，说到兴头，两人回顾左右，却见四周空空荡荡，不觉一惊：哪里有什么眉清目秀的小童，只怕是旧时西湖忆梦有了魂魄，做了小童状，引他们两人说起明代杭州的繁华。

不过，别急，清代的杭州也有一段繁华，等着与你相遇。

参考文献

1.〔明〕冯梦龙：《喻世明言》，影印本。

2.〔明〕西湖伏雌教主：《醋葫芦》，影印本。

3.〔明〕冯梦龙：《醒世恒言》，影印本。

4.〔明〕冯梦龙：《警世通言》，影印本。

5.〔明〕周清原：《西湖二集》，影印本。

6.〔明〕张岱：《陶庵梦忆》，《粤雅堂丛书》影印本。

7.〔清〕艾衲居士：《豆棚闲话》，影印本。

8.〔明〕沈朝宣：《嘉靖仁和县志》，《武林掌故丛编》影印本。

9.陈大康：《明代小说史》，上海文艺出版社，2000年。

10.王国平主编：《西湖文献集成（第19册）：西湖风俗专辑》，杭州出版社，2004年。

11. 张慧禾：《古代杭州小说研究》，浙江大学博士学位论文，2007年。

12. 陈丽茹：《明清西湖小说中的地域文化研究》，延边大学硕士学位论文，2017年。

13. 曹丽娜：《明代话本小说与杭州》，浙江工业大学硕士学位论文，2009年。

14. 胡海义：《明末清初"西湖小说"研究》，暨南大学硕士学位论文，2006年。

15. 伊永文：《〈乐小舍拼生觅偶〉与钱塘弄潮》，《体育文化导刊》1993年第3期。

16. 傅承洲：《明代话本小说的勃兴及其原因》，《中国文学研究》1996年第1期。

清代杭州：人文渊薮

跟着乾隆皇帝巡杭州

梗概：清代是杭州历史上继南宋定都之后第二个鼎盛时期。康乾两帝先后 11 次驻跸杭州，时间跨度长达 95 年，成为我国封建王朝"帝王巡游"最后的盛典，也给杭州带来了古代史上最后的辉煌。清朝廷因浙江人文昌盛而赐《四库全书》一部藏于杭州文澜阁，是为"江南三阁"之一，亦成为杭州拥有丰富文化传统的历史见证。康乾两帝南巡至杭州，客观上促进了西湖的治理与开发，增添了西湖景观的文化内涵，提升了杭州城市的知名度、美誉度。

1784 年，乾隆第六次下江南，最后一次来杭州时，喜贺《四库全书》入文澜阁。这也意味着在南北统一中，不仅经济交融、满汉文化合流，政治思想也进行了一次大统一。杭州在此基础上迎来了再度的商业繁荣。

1784 年的一天，乾隆由雨声伴着入眠，竟睡了几天以来难得的好觉。推开窗，眼里流过运河一路景色，这已经是他第六次到杭州了，虽然还没踏上杭城的土地，可心早就飞过去了。

乾隆不禁大叫："纪晓岚怎么还不进来向朕请安？"

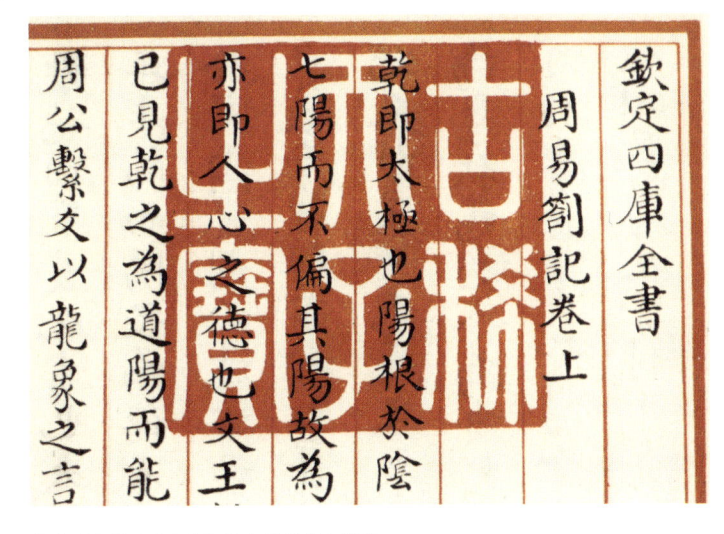

钤有"古稀天子之宝"的文澜阁藏本书影

外面马上传来一声："皇上，臣早就等着您唤呢。"

乾隆不禁乐得眯起眼，说："好得很，今日里赏你陪朕用早餐。"

君臣坐在一起，边用餐边看风景。乾隆免不了打趣这位才子："看你这镜片，怎么比往日里厚了许多？"

纪晓岚也笑着回道："臣的眼神差了没关系，用13年编纂的《四库全书》成了就好。"

乾隆听了，眯眼一笑，心里非常自得，便问："纪晓岚，这是朕第几次下江南了？"

"皇上，这是您第六次下江南了，臣也有幸二次来杭州。"

乾隆心里非常受用，作为一个73岁的老人，别人家老头含饴弄孙，自己却腿脚灵便地下江南。望着窗外的风景，想到这一生南征北战，终于把祖宗交给的疆域搞踏实了，尤其是最令他担心的浙江。

历经元、明、清三朝，浙江分属了三种行政区划，依次为江浙行省、浙江承宣布政使司、浙江省。作为浙江重地的杭州，清时沿用了杭州府这一行政区划。杭州在清朝是一线城市，是八大商贸都会之一，也是乾隆南巡见证地。

说起南巡，乾隆的祖父——康熙比他早多了。康熙帝是南巡的开拓者。爷孙俩都爱往南边跑，因为江南让皇帝们"爱恨"交加。于经济，江南是块聚宝盆，是棵摇钱树，是清王朝的金库。粮钱丰盈，是王朝财政之命脉所在。于思想，江南有文物之邦的称号，人才济济，可却难为朝廷控制。清初时，江南是进步思想荟萃之地，清人入关在南方遭到文人激烈的反抗。鉴于此，康乾二帝频频巡视江南。

南巡绝不是游山玩水，康乾二帝通过南巡，巩固了清朝的统治，这是平定王朝、安邦治国的重要举措。江南能彻底归顺清王朝，南巡这步棋至关重要。皇帝本是紫禁城中的权力象征，可望而不可即，亲临江南，百姓很难不被触动。除了政治影响，康乾南巡还极大促进了南北文化的交流与融合。满汉文化合流少不了南巡的催化，康乾二帝都醉心于江南的山水、园林、寺庙，还在一定程度上推动了江南城市基础建设。南巡，是一趟又一趟"虚实结合"的旅程。

乾隆南巡时，必走水路，因为京杭大运河是古代唯一南北通达的路径。乾隆六次南巡，一般正月出发，由陆路到河北、山东，到江苏转水路，再顺着运河一路南下。

圣驾每每乘船时，都喜坐船头，即使露重风凉也不曾回避。遥想江南三月，蜂飞蝶舞、桃红柳绿中跪伏着一片华服珠翠，这不知是多么气派风光！

这正是江南黄梅天，乾隆不打算上船头，雨后的日头晒人得紧。船里甚是闷热，那些大内侍者都是北方人，受不了南方的潮热，必定躲在屋子里打赤背。乾隆心想：如今国泰民安的，纵是汉人聚集的江南，也是一片安宁。且让这些年轻人玩去，我只拉着纪晓岚再闲扯几句。

乾隆知道纪晓岚怕热，在自己面前长袍披襟，难受得很，便问："爱卿，你到了江南，倒是不怕热了？"

纪晓岚说："臣对杭州的文澜阁望眼欲穿，心里热，身上便不觉得热了。"

乾隆笑了："你的心莫要再惦记四库书了。这次下江南，是朕最后一次。你要好好陪朕玩玩。"

运河两岸

话正说着，有侍者道："拱宸桥到了。"

很快，在船上可以看到御码头上熙熙攘攘挤着一堆人。

乾隆吩咐侍者："这次，直接去西湖行宫。"说完，乾隆对纪晓岚一笑："且看看他们把文澜阁造得怎么样了。"

纪晓岚笑道："这文澜阁是浙江的商人凑款建造的，他们建造的藏书楼不会差。"

西湖行宫，别称圣因寺行宫、圣因行宫。行宫，是皇帝的临时居所，其修建始于康熙南巡时。康熙六度南巡，后五次都把杭州作为南巡的终点。皇帝，全中国最尊贵的人，到了杭州自然要住最尊贵的处所。他都住在哪儿呢？初时，康熙住在杭州府内作为江南三大织造局之一的杭州织造府署。此后，皇帝屡次驾临杭州，织

孤山行宫旧址

造局便划出一部分专供皇帝御用。再往后，织造局全部改为皇帝巡幸的驻跸之所，即杭州府行宫。杭州府行宫美中不足在无甚风景可观瞻，于是，臣民另选了能将西湖美景尽收眼底的西湖孤山修建行宫，这才有了西湖行宫。行宫只有在皇帝巡幸到杭州才有用武之地。到了雍正时期，并无南巡一说，西湖行宫被搁置，时任浙江巡抚的李卫因行宫是皇家建筑，不敢擅自使用。维护建筑需要耗费钱财人力，李卫便上奏改行宫为寺庙，供奉圣祖皇帝，为其祝祷。此奏得到了皇帝的批准，并钦赐圣因寺之名。与康熙时期的西湖行宫相比，雍正时期的圣因寺房舍更多、园林更大、规模更宏伟，和孤山的关系也愈加紧密。乾隆临朝，南巡再度成为其治下的要事。他认为自己在位五十年，共有两件大事，一是"西师"，一是"南巡"。人称乾隆的南巡是巍巍盛典。于是，西湖行宫再度被派上用场。乾隆十五年（1750）年底，西湖行宫重建工作全部完成。行宫格局之严整，宫室面积之大、数目之多前所未有，达到了巅峰。

乾隆对西湖圣因寺行宫青眼有加，他在位期间六次巡幸杭州，总会在此地驻跸七天到十天不等，总数达四十八天，西湖行宫是其巡幸过程中驻跸时间最长的行宫。

乾隆人还未到西湖行宫，就传来消息说杭州的文人代表已经恭候多时，希望能面见圣上，瞻仰龙颜。乾隆一直小心处理同江南文人的关系，况且这次面圣既然推举了代表，想必是牵连了整个文人圈子。乾隆立刻派人传话：等自己到了行宫，整肃片刻便接见他们。

并非杭州文人趋炎附势，他们这举动多少有些报答知遇之恩的意思。乾隆数次南巡对江南文化圈的建设有积极的影响。江南是人才渊薮，可人才多了，提供给人才的机会却不多——府州县学的名额有限。乾隆每每南巡都会下令增加岁试文童的录取名额，这与其祖父康熙帝南巡时增设各省进学名额的做法一脉相承。除了为他们提供更多的进学机会，乾隆还会召试文人。召试的恩宠主要针对御前进献诗词的文人，这是一条入仕的捷径，于君于臣都是双赢。君主收拢了人才，人才得到了能够施展抱负的平台，诗人王又曾、程晋芳，学者钱大昕都在此列。也因此，召试在清代士人心中颇有分量。除了拓宽文人入仕的渠道，历次南巡，乾隆还会着意笼络在任上的重要官僚文人，通过赐诗对其勉励和训导。对一些赋闲在家的旧臣、名流，乾隆会直接赐予品级官衔，或是钦赐其子孙举人的身份。古时文人在修身齐家治国平天下的趋引下，参政观念极强，据此可反推这些文人为何对乾隆驾临杭州表现得如此激动了。

除了关照文人，乾隆南巡时还屡次巡视书院，赐匾、赐额、赐楹联、赐殿版书籍。首次南巡时，他便颁赐了武英殿新刊"十三经""二十二史"给杭州的敷文书院。其实巡视书院并非乾隆的创举，康熙南巡时就已经十分重视书院，且康乾二帝都十分关注杭州的敷文书院。为勉励书院培养人才，康熙御题"浙水敷文"匾额，因名敷文。敷文书院传授孔孟之道，讲解程朱理学。乾隆《题敷文书院》曾赞其："气助吴山钟远秀，道传孔孟有真源。"康乾二帝南巡时对书院的格外关怀一方面促进了书院的发展，另一方面将书院更加牢靠地掌握在了朝廷的手里，也通过书院掌握了学术思想的最高领导权。这一举措既推行了教育，又为统治者自身领导和把控思想铺平了道路，也有利于他们达到南巡主要目的之一"兴文教，达至治"。

笼络士绅、巡视学院、控制思想只是康乾二帝南巡期间的几大举措之一。经济方面，两位皇帝都重视河工视察、河海治理。康熙南巡，关注点集中于扬州、高邮、宝应、江都一线。乾隆则曾四次赴海宁查看修筑海塘情况，浙江的海塘建设是其南巡时期的重要水利建设，对保护杭嘉湖一带农业生产意义重大。政治方面，康乾南巡还十分在意阅兵。杭州是二帝南巡时期的主要阅兵场所之一，康熙在杭州阅兵五次，乾隆更是多达十四次。康熙曾在第三次南巡于杭州阅兵后十分满意，称赞道："朕今观杭州满洲、汉军官兵，皆善骑射，娴熟满话，此皆将军查木扬训练所致。"满族以骑射为根本，康乾南巡，凡有八旗驻防必举行阅兵仪式。此为坚守其民族彪悍之特性，更有震慑南方之用意。

这晚，乾隆设宴款待了几位士人代表，其中大部分出生于江南有名的文学世家。这些世家多为藏书家，在《四库全书》征书中，贡献颇多。当时江苏进书4808种，居各省之首；浙江进书4600种，排名第二。像杭州藏书家鲍士恭一人就献家藏书籍626种，其中不少为宋元以来的孤本、善本。

文澜阁

御宴上，乾隆乘着酒劲，为新建造好的文澜阁题了诗。这文澜阁就建在西湖行宫中。御宴散后，众人看着这套由纪晓岚等360多位高官、学者编撰，3800多人抄写，足足用了13年才完成的《四库全书》，正式入了文澜阁。随后，乾隆赐了些宝贝，撤宴。

纪晓岚望着众人离去的背影，其实内心百味杂陈。当年的热血青年被乾隆一声棒喝："朕以你文学优长，故使领四库书，实不过以倡优蓄之，尔何妄谈国事！"聪明的纪晓岚这才开了窍，什么理想和抱负，全烟消云散，自此伴君如伴虎。想当年乾隆一声令下，以征集修编《四库全书》为名，让全国各地地方政府和藏书家进献藏书，其中查缴禁书竟达3000多种，15万多部，总共焚毁的图书超过70万部，实际禁毁书籍与四库所收书籍一样多。

汉学家费正清在《美国与中国》中，鲜明地指出了清朝统治者编纂《四库全书》的真实用意："通过这项庞大工程，清廷实际上进行了一次文字清查（文学上的'宗教裁判'）工作，其目的之一是取缔一切非议外来统治者的著作。编纂人在搜求珍本和全整文本以编入这一大文库时，也就能够查出那些应予取缔或销毁的一切异端著作。……正如 L. C. 古德里奇所论证的，这是最大规模的思想统治。"

聪明的纪晓岚如何看不透这一切？这些江南文学世家，欢欣鼓舞、千恩万谢地领赏而去。聪明如他们如何会看不透这一切？

这是乾隆最后一次下江南——疆域上的大一统，加上这思想上的大一统，这位十全老人无疑在统治中国方面下了一盘大棋。

纪晓岚正想得入神，突闻乾隆在身后喝道："纪晓岚，你对着黑灯瞎火的西湖，又在打什么歪主意！"吓得他当场跪下。

"皇上，臣哪敢胡思乱想，只是想到这是臣最后一次陪皇上赏西湖，突然有点伤感起来。"

"这个有何好伤感，明儿个你就陪朕好好游西湖。"

"皇上，明儿个可是阅兵啊！"

乾隆愣了下，叹道："也是，明天满城阅兵。"转念，乾隆又呵斥道："只不过一天，你就等不得吗？"

满城，即清代驻防旗营。清朝南下统一中国的过程中，在战略要地都会派精锐部队八旗兵驻守，八旗驻防制度由此形成。这为清政府的长治久安提供了强大的武力支持，对内能震慑反对势力，对外能抵御入侵，是清王朝的军事保镖。为了保持满族民族特性，避免被汉化，各驻防为驻扎此处的旗人专门修建了居住地，这便是满城。杭州在政治、经济、文化几方面的重要性无须赘述，因此成为清朝最先派兵驻防的城市之一，始于顺治二年（1645）。杭州的满城四面起界墙，围出了一块"环九里有余，穿城径二里"的地界，东南西北分别至大街、军将桥、城、井字楼。划分出城内外的界墙共有五个各阔六尺的城门口，分别为平海门、迎紫门、延龄门、拱宸门、承乾门。满城虽然是作军事用途，但毕竟是生活居所，城内不仅有军政机构如将军府衙，军事设施如校场、演炮场，还有学校、书院、粥厂、红白局、恩赏库等。

说到满城，便绕不过杭州满汉融合的情况。从满城可见，满人是以入侵者的身份进入城市。最初，居住在杭州的旗人还是满洲的旗人，可随着时间推移，居住在杭州的旗人成了杭州的旗人，这反映出旗人被地方化了。乾隆在南巡时就注意到了这一现象："已此百年久驻防，侵寻风气渐如杭。"乾隆的无奈是他自食其果。因为乾隆临朝时，对八旗有一新政策：允许旗人在外置办产业，并就地安葬家族成员。在康熙时期，这是绝不被允许的。旗人死后必须由儿子或女婿将遗体移送回京。雍正不愿意旗人被地方化，因此，这一政策得以接续。乾隆考虑到遗骸回京已成为国家巨大的财政负担，出于减负的考量，乾隆颁布旗人可就地安葬的谕旨。

18 世纪末 19 世纪初时，旗人的地方化使得旗人和汉人的交往有所改善。比如为了方便百姓在武林门外的北关夜市买卖及游玩，会延迟城门的关闭时间；为方便杭州人能在六月十八这天去西湖上等船到天竺寺进香，驻防旗营会在当夜打开通往西湖的钱塘门和涌金门；再有，驻防将军衙门竟变成了新年花灯最热闹的地方。可见，汉旗双姝已能和谐并立于杭州。

乾隆满城阅兵一日，晚上见城门口，旗人与汉人其乐融融，心里百味纷呈，不知该喜还是忧，于是对身边侍卫道："快快把纪晓岚叫来，晚上陪朕去逛逛西湖。"

一群侍卫马上把一艘画舫驶了过来，众人跟着皇帝浩浩荡荡前往西湖。靠近湖心亭时，乾隆看着月光，一高兴，文思大发，随即在湖心亭上写下了"虫二"两个大字，并关照立碑于岛上。接着，他故意问随从道："你们知道这两个字的意思吗？"那些御书房人谁也回答不上来。纪晓岚知道皇上是故意在有文化的江南文人面前显摆，也只好低头说了句："皇上，且让我好好想一想。"

乾隆心中得意万分，心想江南人你们不是学识渊博吗，怎么还不如我一个先学满文再自学汉文的？没想到，因皇帝的驾到来不及回避的一艘民间小船，船里的人，掀开帘子，探出船，随口吟了句："好一个风月无边！"

纪晓岚听到后，追问："你一个小民插什么嘴！"

那人不慌不忙地答道："风和月去掉边，不就是'虫二'两字吗？"

纪晓岚恍然大悟。

乾隆大惊，居然有人轻易就识破了自己的谜，很是不服气，再看这人对答如流，很是大方，只得装大气，说："此人有趣，唤他来见。"没想到，那人发现是皇帝，立刻驾船远去。乾隆突然疑心大起，唤来画舫，定要追上这小船。

西湖虽大，但是小船灵巧。追赶半宿，小船上了岸，没想到乾隆也下船跟着前去。大家没走几步，发现行人熙熙攘攘，更找不见那人。纪晓岚低声问道："这是哪里？"地方官员此时惶恐不已，战栗道："这是来到了杭州城内的集市。纪大人，赶紧想个法子吧。"纪晓岚只得硬着头皮，来到气鼓鼓的乾隆面前说："皇上，那女子上了岸就不见了踪迹，那么快的身手，必定不是汉家女子。"

"大胆纪晓岚，来人明明是男的，怎么在你眼里是女的？"

纪晓岚忙低头，护住水晶眼镜说："皇上有所不知，臣眼神不好，但是鼻子极好，大老远就闻到那股胭脂香；

再听那人不敢放声说话。那必定是乔装的女子出来夜游，没见过世面，不知深浅乱插嘴。"

乾隆正在狐疑，一听是女子破了自己的谜，再一听这女子行动迅速，不是缠了小脚的汉家女子，心头一松，哈哈大笑，更是来了兴趣。

"既是女子，朕更是要尔等追上前去。"

清代杭州的商业中心在官巷口附近，城内还有清河坊市、羊塌头市、东花园市、塔儿头市、众安桥市、褚堂市、盐桥市。乾隆时期，杭州城内的市集数量是康熙、雍正、乾隆三朝中最多的，为十六个，前两者均为十三个。清代杭州的街区市场多，但并非都喧哗热闹。涌金门前的闹市和通将桥市受益于旗营以及杭州府署人流量大，借着人气便格外热闹。此时，杭州还成立了专门性的街区市场：菜市，以贩菜为主，有章家桥市、熙春桥菜市等；花市以经营花木为主；布市以布匹交易为主。到了清末，某些原本位于城内的专业性市场规模扩大，为了妥善经营便转移到了城外，如花市便转移到了武林门外。清代杭城经济还有一特色为城郊互通，以东街市为例，这里是杭城丝织品中心，与丝织品相关的其他行业如竹器、木工等手工作坊也乘势而起，更别提茶肆酒楼、米店鱼行等凡是有人就能做生意的铺子了，真是不可计数。当时东街市因为很需要人手，城东的乡民便抓住机会进城务工。杭州有谚语："东街上（机坊）豆儿老板多，机坊师傅多，湖丝阿姐多，挑担力夫多，黄包车夫多，泥水木匠多。"

乾隆夜巡，不让地方官员打扰当地市民，本是微服私访，见此繁盛之景，心想何不与民同乐？只见夜色中，杭州的男女老少衣袂飘飘，面带喜悦地走来。沿路的妇人低鬟，胡粉傅面，都作女郎妆；小儿白雪椎髻，甚多美少年。这一幕，此后时常出现在乾隆的梦中，使得他写道："六度南巡止，他年梦寐游。"不论杭州的风景，还是杭州的风月，都让乾隆充满了无限眷恋。

参考文献

1. 王国平主编：《西湖文献集成（第20册）：书院·文澜阁·西泠印社专辑》，杭州出版社，2004年。
2. 王国平主编：《西湖文献集成（第1册）：正史及全国地理志等中的西湖史料专辑》，杭州出版社，2004年。
3. 陈建一主编：《杭州街巷》，杭州出版社，2005年。
4. 左步青：《乾隆南巡》，《故宫博物院院刊》1981年第2期。
5. 吴建、王卫平：《从康、乾南巡看"满族汉化"问题之争》，《学习与探索》2017年第9期。
6. 王晓静：《乾隆的御路江南》，《紫禁城》2014年第4期。
7. 朱琨、朱蕾：《清代西湖行宫建置沿革考（上）》，《古建园林技术》2019年第3期。
8. 朱琨、朱蕾：《清代西湖行宫建置沿革考（下）》，《古建园林技术》2019年第4期。
9. 刘欢萍：《乾隆南巡与江南文学文化》，南京大学博士学位论文，2013年。
10. 吴建：《江南人文景观视角下的康乾南巡研究》，

苏州大学博士学位论文，2017年。

11.陈喜波、颜廷真：《清代杭州满城研究》，《满族研究》2001年第3期。

12.汪利平：《杭州旗人和他们的汉人邻居：一个清代城市中民族关系的个案》，《中国社会科学》2007年第6期。

13.王璐：《清代杭州城市地理研究》，复旦大学硕士学位论文，2014年。

14.蔡禹龙：《时空解构与城市印象：清代杭州城的街区市场与经济变迁》，《浙江理工大学学报》（社会科学版）2018年第6期。

杭州织造局的丝绸与秘密

梗概：清代的杭州，既是浙北地区商品的集散中心，也是大运河南方的货物集散地；其水陆路与全国各地相连，通过海路还可到达日本等国，经济发展已达较高水平。到清代中期，我国封建社会中资本主义萌芽有了显著发展，尤其是丝织业在生产规模和生产水平上大大超越明代，位居江南三大支柱产业之首，出现了"机杼甲天下""杭绸传四方"之盛况。

因为经济繁荣，国泰民安，杭州织造孙文成在密折里不得不和皇帝尬聊。从中也可看出杭州当时百姓生活安宁，丝绸业在和平氛围里，技艺方面不断进步，最终诞生出列入世界非物质文化遗产名录的杭罗手工织造技艺。

在房间里，憋了半天，除了磨墨还是磨墨；面前的白纸，写不出几个字。

孙文成，不断踱步。手下的小厮，守在门口大气也不敢出。

清朝，当杭州织造掌门的痛苦：每一次给皇上写密

杭罗织机

折,如同小学生写作文,憋了半天,实在想不出可以写的东西。这就是年过四十的孙文成的苦恼。

写密折难,但是更有难度的投胎术,孙文成完成得非常漂亮。因为,他是康熙"头等保姆"曹玺妻子孙氏的亲侄子。康熙是由孙氏抚养大的,与孙氏有着深厚的感情,还加封孙氏为一品诰命夫人。之后,孙氏的儿子曹寅成为江宁织造;曹寅的妻舅李煦,任苏州织造。经曹寅推荐,孙氏的亲侄子孙文成任杭州织造。可以说是康熙帝本人亲手扶植了曹、李、孙三大家族,兴起了江南三织造。

织造局,顾名思义,肯定要履行主要为清代皇室采办织造事宜。不过,它可不是那么简单。除了暴露于人前的面目,在人后,它是说客,是眼线,还是百晓生。

江南是文人聚集地，对统治者来说，具有难以驯服的野性，尤其一些反抗势力的精神领袖简直是皇帝的心上痼疾。面对这样一群人，若是手段强硬只怕会适得其反，还容易被千夫所指。因此统治者多半采用怀柔政策，利用织造局同当地文人打成一片，打的是笼络人心的主意。曹雪芹的家族便是统治者伶俐的喉舌，自曹玺以下，三代为织造。凭借书香世家的身份，曹、李、孙三大家族笼络江南文人士族，逐渐削弱了士人的反抗心理。

除了喉舌，它还是皇帝的眼睛。有了它，皇帝就能知目之所不能及之处。山高皇帝远的江南是赋税支柱，是清王朝这驾马车的车轮。为了能对江南官员了如指掌，即使身在紫禁城也能对江南的情况做到心中有数，统治者便打造了织造局这双眼睛。这双眼睛除了盯紧官员，还要观察其他各种风吹草动，如农民起义、农事生产等。这是皇帝的情报库，询无不知，知无不言，言无不尽。

皇帝想要把江山掌握在自己手中，要双目清明，少不得利用江南三织造这样的组织机构。这一机构的主事人与皇室关系亲密，共享利益，真正是"一荣俱荣，一损俱损"，比起从科场中出来的人，皇帝更信任这些"亲卫"。若是一味相信为了升迁报喜不报忧的地方官，朝廷是很难总揽全局的。

于是乎，织造局并非只负责向宫廷供奉御用纺织缎匹这么简单，写内参、报舆情才是织造更重要的分内事。

在太平时期，密折里要写什么情报呢？这真是难倒了老实人孙文成。

"这一次，我写什么呢？"孙文成有一次悄悄问自己的心腹。

这位心腹是个机灵人，说道："皇上最怕什么？"

谁都知道，皇上最怕南方造反。你说造反多在什么状态下？孙文成思索了下，突然一拍脑袋，大叫："对呀，我怎么不把这个写上去呢？"

于是乎，这次密折：杭州粮价多少。

"但是，皇上会明白我写这密折的意思吗？"孙文成不是太放心，狐疑地问心腹。

心腹白了这位优柔寡断的织造一眼："皇上是多聪明的人，他怎么会不明白你的意思！粮价那么稳定，杭州府还会有什么人密谋造反？"

就是啊！

第二次密折：稻穗的长势如何。

第三次密折：杭州气象晴雨等情况。

如此写了大半年关于风调雨顺的信息，孙文成自觉都写腻了。于是乎，他又开始在房间里只磨墨，下不了笔了。

怎么办啊？怎么办啊？孙文成又开始在屋子里踱步。

熬了几天，孙文成又开始敲心腹的门："鸡毛蒜皮大小事务都向皇上汇报了，这一月的的确确没事情发生，我还能如何写啊？"

这位历史上绝对不能留名的师爷，也难住了，最后不得不出了一招:"既然杭州城里没什么事情可写,你为何不多向皇上问安呢?"

孙文成大喜:"也是,礼多人不怪。我多向皇上请安,聪明的皇上自然就明白杭州城里一切安宁。"

于是乎,孙文成把这些请安密折不断送入皇城。

后人翻到孙文成这些密折,觉得杭州织造孙文成是个十足的"奇葩","背时鬼",问个安也当密折往上报。这真是一行不知道一行的苦啊!

杭州织造是一个非常风光的工作。地方长官看到孙文成都要低头哈腰,礼让三分。就靠这些"尬聊"密折,孙文成完成了康熙时代的任务。到了雍正时代,他发现这些"尬聊"不灵了。

这任皇帝先是在孙文成奏报粮、丝时价折后,提出各种责问。如雍正元年(1723)十一月初一日,孙文成奏复勘估磐山寺庙情形折后,雍正帝朱批道:

> 你且修理着,等你明年后年来京时再定,千万不可借此开地方官缘簿生事,亦不可勉强,力量少不能,即暂借司库银两,朕自另有旨意。要仍循旧套那样占便宜的捐修,朕不愿如此。朕少有所闻,不但无功,反成大罪矣,慎之!

这份奏折的朱批,既表示了对孙家的特殊关照,又予以警告。时过不久,雍正五年(1727)正月初一日,雍正帝在孙文成奏谢恩赏盐规银两折后,朱批道:

> 受朕之恩,万不可胆大放纵,就是你织造一切

人与你家人子侄,严加约束,安分知足,大家学好,崇尚节俭,不可溺于声色嬉戏,则可以永远保全体面矣。你只看你省中总督、巡抚、地方文武,若仍然如前,你就如旧做你的织造就是了。

雍正帝的警告,令孙家不寒而栗。但这还是开始。同年三月初一日,孙文成奏复钦遵朱批训谕折后,雍正帝又有朱批道:

览。浙江人情风俗,绅衿议论,百姓情形,旗人嬉戏音靡之风,较前如何光景?据实奏闻。你老了,趁年纪将一诚字效些力,造些福不好么?朕不问你,应不敢越奏。今既问你,凡百据实慎密直陈,不可造欺君诳上之孽。

"欺君诳上",这在清朝的刑律中该治何罪,孙文成当然很清楚。恐怕也就是将来整治他的一个罪名了。一个月之后,四月初一日,孙文成奏复浙江旗民人情风俗折,雍正帝又批道:

凡百少不据实,你领罪不起,朕不比皇考自幼做皇帝的,不可忘记四十年的雍亲王。

言辞愈来愈尖刻,含有一股杀机,似乎孙家大难即将临头。

雍正皇帝上位不久,接连颁布谕旨,在全国上下大张旗鼓地清查钱粮,追补亏空。孙家也感觉到了逼人的寒意。

仅雍正元年(1723)一年,被革职抄家的各级官吏就达数十人,其中有大量康熙皇帝时期的宠臣、权臣。

与曹家既是亲戚又患难与共的苏州织造李煦，也因亏空获罪，被革职抄家解递进京。孙文成知道，雍正对孙家迟早要动手。

果然，雍正派出浙江巡抚石文倬暗查孙文成的官声、口碑等问题。新任内务府总管事务大臣李延禧、傅鼐密查杭州织造的账目、收支、业绩等问题。

由于孙文成这个老实人，平时工作严谨、努力，同时官声口碑很好，与曹頫、李煦完全不同，所以暗查无果而终。至雍正五年（1727），雍正皇帝以已经61岁的孙文成年老体弱为由免其杭州织造的职务，让其归乡养老。相比经受了夺职、抄家、下狱、流放的曹家、李家而言，孙家得此善终，"保全体面"，真是幸福得不得了！

不过，在清代，杭州的丝织业是得到了进一步发展。

杭州民间织户的规模一直很大。杭州出现过拥有百张以上织机的机户，东城一带邻里之间能听到彼此的机杼声。后有杭州织造局坐镇，杭州城内丝绸贸易之兴盛可想而知。其中，以城东一带丝绸市场最为繁华热闹。买卖丝绸的船只昼夜不息。到清代中期，封建社会中资本主义萌芽有了显著发展，尤其是丝织业在生产规模和生产水平上大大超越明代，位居江南三大支柱产业之首，出现了"机杼甲天下""杭绸传四方"之盛况。嘉庆二十二年（1817），丝绸商人还在忠清巷建立了绸业会馆观成堂作为议事之所。

清朝，准噶尔部被平定，新疆完成了统一。内地与新疆的丝绸贸易步上正轨，清政府决定按照回族人的喜好生产相应花色的缎匹。乾隆为保证输往新疆绸缎的花色品种和质量，严肃谕令时任浙江布政使兼杭州织造的

杭罗

盛柱及相关官员，要做到颜色鲜明、质地坚实。不仅如此，还要保证货物能妥善地运往新疆。杭州织造衙门每年会为面向新疆的丝绸贸易专门赶办特殊的丝绸产品，如江山万代、金色百蝶、天青碎花等，这些丝绸不仅图案复杂，而且对技艺要求极高。乾隆三十年（1765）之后，在清政府各种各样措施的推动下，内地与新疆的丝绸贸易越来越规范。杭州织造局是官方机构，由它参与的丝绸贸易自然是在朝廷的管控下进行的，官方色彩极浓。如此，丝绸贸易不单是一种经济活动，还是一种政治活动，因为加强了内地和新疆的凝聚力，促进了清王朝的稳固。

与新疆的丝绸贸易，间接地刺激了杭州丝绸织造技艺的提高。在这段时候，杭州织造业诞生了一门绝技：杭罗。杭罗精致缜密，工艺复杂，历来传人不多。杭罗织造技艺列入世界非物质文化遗产名录。杭罗与江苏的云锦、苏缎并称为中国的"东南三宝"而驰名中外。

参考文献

1.〔清〕厉鹗：《东城杂记》，《武林掌故丛编》影印本。

2.〔清〕孙珮辑：《苏州织造局志》，国家图书馆出版社，2013年。

3.严迪昌编著：《近代词钞》，江苏古籍出版社，1996年。

4.叶建华：《浙江通史8：清代卷（上）》，浙江人民出版社，2005年。

5.张淑贤：《清宫御用三大丝织中心简述》，《故宫博物院院刊》1990年第2期。

6.郭琪：《身兼数职的江南三织造》，《中国档案》2014年第12期。

7.蒋兆成：《清代官营杭州丝织工业的生产方式与经营管理》，《中国经济史研究》1994年第3期。

8.梁科：《拟容象物宜 和合美好成 杭州织造文治款大婚匹料》，《紫禁城》2019年第4期。

9.郑宇婷、刘瑞璞：《"杭州织造"乾隆八旗棉甲的规制与成造》，《丝绸》2018年第10期。

10.林永匡、王熹：《杭州织造与清代新疆的丝绸贸易》，《杭州大学学报》（哲学社会科学版）1986年第2期。

从龙井茶到全国茶叶贸易重地

梗概：龙井茶因为乾隆的喜爱，成为全国名茶。民间对杭州龙井茶有很多传说。事实上，龙井茶由百年老字号翁隆盛茶号的创始人翁耀庭研发，"翁隆盛"开创了美国第一次来中国运华茶至英国贸易之先河。在清代，杭州也成了全国茶叶贸易重地，每年新茶上市季节，全国商家都会来杭州进行茶叶贸易。

乾隆是清代最长寿的一位皇帝，在他84岁准备将皇位禅让给皇子时，有位老臣以"国不可一日无君"为由，奏本挽留他继续执政，此时乾隆端起茶杯，呷了一口茶说"君不可一日无茶"。大臣们无言以对。大家都知道乾隆是位嗜茶如命的皇帝，他喜爱喝茶不亚于喜爱江山。

茶在清代宫廷地位高贵，是祭天祀祖的灵芽，是欢宴群臣、布恩颁赐的珍品，也是喜庆丧礼的必需品。甚至为了团结汉族，共同治理国家，康熙在位第十七年（1678）下诏："凡汉族大臣家有丧事，也按满族大臣例，颁赐茶酒，以表哀悼。"

清茶一杯，以茶宴饮群臣，是历代宫廷惯例。为迎贺新年，皇帝会举行大规模茶宴，例如康熙经常举办

杭州名产王星记扇子广告

茶宴，邀请群臣品茗赋诗联句，每次都有上千人出席，称"千叟宴"。会后按惯例有部分老臣、官员及入会者得到皇帝赏赐的御茶和茶具。乾隆75岁生日宴，召集大臣文豪诗家及外国使节"三千人，张灯结彩，齐聚一堂，品茗赋诗，献寿铭恩"，也是清茶一杯。清朝历代皇帝都喜欢喝茶，茶也借着茶宴发扬光大。

要说皇帝带货，带茶叶最成功的莫过于乾隆。

相传乾隆有次南巡到杭州，从西湖到龙井狮子峰，品尝了胡公庙前茶树上所采制的茶叶，对其香醇的滋味赞不绝口，亲自封了十八棵茶树为"御茶"。这十八棵"御茶"每年采下的新茶都由皇家御马星夜兼程送往京城。从此，龙井茶岁岁入贡，名声大振，以至发展成全国名茶。

杭州那么多的茶树，却为何这十八棵树成了"御茶"？

传说龙井村旁住着位老妇人，周围有十八棵野山茶树。她家门口是居住在南山的人去往西湖的必经之路。行人路经此处都想歇歇脚。老太太为了与人方便，在门口摆放了桌子、凳子，还摆上了一壶野山茶叶沏成的茶饮，供过往的行人歇脚的时候解渴。

有年冬天下大雪，茶树几乎要被冻死。因为接近年关，来来往往采买年货的人很多，照例在老太太门前歇脚。有位长者见老太太心事重重便与她攀谈，问她年货是否购置齐全了。言语间，老太太透露茶树快要冻死，来年不能施茶了，自己哪里还有钱置办年货？长者听此略施小计，用十两银子换了老太太的破石臼，他留下钱搬走石臼便消失了，老太太只得收下银子。说是买，其实是借个名目接济老太太。

等第二年春天到了，原本的十八棵野山茶树不仅活了过来，发了新芽，长势还比往年更好了。不仅如此，原来放破石臼的地方居然长出了许多茶树，老太太又能继续施茶了。

不过，乾隆带货龙井茶，也是非常用心的。

老龙井十八棵御茶

　　乾隆六次南巡，就有四次幸杭州龙井，微服私访，深入茶园和作坊，亲自观看采茶、制茶，才体会到茶农的艰辛。他很受感动，作诗抒怀，"防微犹恐开奇巧，采茶揭览民艰晓""敝衣粝食曾不敷，龙团凤饼真无味"。他是我国封建社会第一个亲临茶园考察的皇帝。

　　乾隆爱龙井茶，还品出雨前龙井为最佳。雨前龙井，是于谷雨时节之前采摘的龙井新茶，并因此得名。乾隆数度为雨前龙井作诗，第一、二次南巡作《观采茶作歌》，第三次南巡作《坐龙井上烹茶偶成》，第四次南巡作《再游龙井作》。若不是爱之深，哪里能写得出这样多的诗文？

　　还有一个传说，说龙井茶之所以是扁形的，也是乾隆皇帝巡访后形成的。当时乾隆封"御茶"后就亲自采了几片芽叶顺手夹在了书里。回到京都后在御书房看书时，发现夹在书里的芽叶已干，被夹成扁平嫩绿的外形，透出一股清香。于是乾隆就献给了太后，太后品后非常喜欢，就要乾隆每年从杭州进贡这样的扁平龙井茶。杭州地方官员为了讨太后的欢心，要求茶农依照圣意将龙井茶做成扁平挺直状，后来龙井茶就一直保持扁平挺直如剑的外形。

那个时候人们喝茶，都是将茶叶压制成茶饼，称为"龙团凤饼"。哪里会突然出现一种保持扁平挺直如剑外形的茶叶，不用压制成饼，即可封罐保存？而且，龙井茶一经热水冲泡，可以看着绿叶缓缓舒展，除了喝，还可以欣赏，感受这股徐徐而来的扑鼻清香，且茶叶回味又是如此隽永。这难道是传说中破石臼的神力所致？

这些龙井茶叶的传说中，其实藏着一个人的传奇，一个茶号的诞生，一家杭州民族商业企业的传奇。

很久以前，有个姓翁的大户人家的小姐，家败了，被卖入海宁陈家为婢。陈府三公子陈振荣，想娶其为妻，但陈家无论如何也不肯接受翁氏为媳，将两人逐出门庭。陈府三公子带着翁氏来到杭州的梅登高桥，以卖字画为生，兼卖茶叶。数年后生有一子，随母姓翁，取名耀庭。

那时大家喝茶都把茶叶压制成茶饼，由于砖茶团茶经过压榨等工序，破坏了茶叶原有的一些功效。所以，他父母琢磨着茶叶新的加工方法，但一直对茶叶的采摘方法、炒锅的温度高低等把握不到位，效果不太理想。

翁耀庭长大了，迷上了茶叶，他也将改良茶叶制作方法视为己任。一家人经过反复琢磨、研究、加工，经历了成百上千次失败，终于在雍正三年（1725）研制成了一种扁平的散茶，取名"龙井茶"，这种茶在适当的温度下翻炒，不用压制成饼，即可封罐保存。龙井茶一经推出，立刻由于清香扑鼻、回味隽永受到欢迎，翁家茶铺宾客盈门。

但是翁耀庭并不满足，继续努力，四年后，他创制出了色香味形俱佳的西湖龙井茶，并按地域口味将茶叶分为"狮（峰）、龙（井）、云（栖）、虎（跑）"四个字号。制作出来的西湖龙井茶，外形挺直削尖、扁平俊秀、光滑匀齐，色泽绿中显黄。冲泡后，香气清高持久，香馥若兰；汤色杏绿，清澈明亮；叶底嫩绿，匀齐成朵，芽芽直立如枪。品饮茶汤，沁人心脾，齿间流芳，回味无穷。

清朝雍正六年（1728），这个极具钻研精神，同时很有商业头脑的翁耀庭正式创立翁隆盛茶号。

那时候，其他茶号没有意识到要在茶叶研制上改良创新，所以被"翁隆盛"远远地甩在了后面，待到想奋起直追时，"翁隆盛"的"龙井茶"已经享有盛名。

乾隆十六年（1751），乾隆皇帝第一次南巡杭州，就亲临翁隆盛茶号观看炒茶制茶，并皇恩浩荡封翁隆盛茶号为"天字第一茶号"。乾隆亲笔御题了两块招牌——"翁隆盛茶号""天字第一茶号"，并盖上方、圆印章，还写下《观制茶作歌》一首。

"翁隆盛"的"龙井茶"随着乾隆带回到京城。这些绿色剑状茶叶，口味清香，可品可赏，顿时在见惯了黑漆漆茶饼的皇亲国戚中引起轰动。除了乾隆带货，许多诗人文人也都纷纷盛赞。

乾隆五十年（1785），"翁隆盛"龙井茶乘坐"中国皇后"号海轮远售美国纽约。翁隆盛茶号开创了中

翁隆盛茶庄旧影

国历史上第一次华茶运美贸易之先河。清道光三十年（1850），美国第一艘快艇"东方"号不远万里来到中国，把"翁隆盛"龙井茶运至伦敦销售。"翁隆盛"又开创了美国第一次来中国运华茶至英国贸易之先河。

1912年，"翁隆盛"龙井茶在美国旧金山举行的巴拿马万国博览会上荣获特等奖。

当时，翁隆盛茶号成为我国茶叶销售行业中的龙头老大。遗憾的是翁隆盛在几代之后，就后继无人。

清代，杭州因龙井茶而出名，同时，浙江茶市发展繁荣。杭州，作为浙江的重要城市，在茶叶贸易中的地位更是举足轻重。

杭州的重要性体现在两方面：一是产茶。杭州一带自古产茶量大，名茶种类多，大多自产自销。杭州各县产茶以龙井茶最著名。此外，西湖各山产茶量很可观。外县也多产茶，东西天目山的茶种尤佳。二是杭州是重要的茶叶中转站，是三大茶埠之一，是东部地区的茶路运输枢纽所在地。杭州肩负着浙西茶东运以及将浙江的茶运向苏州、上海的重任。浙江、安徽、江西、福建的茶叶都汇集杭州，然后再运往全国各地甚至是海外销售。杭州茶叶贸易之盛有记载为证。《杭州府志》记载："今杭茶为四方所珍，无地不售。而海口通商以来，每岁货茶出洋之值，以数十百万计，其利与蚕丝相埒，实出产之一大宗也。西湖南北山及钱塘定乡之浮山所产尤佳。"

尤其到了一年中的茶季时，为了采购茶叶，各大城市的茶商云集杭州，具有代表性的如上海的汪裕泰、天津的正兴德、济南的鸿祥、哈尔滨的东发合、北京的鸿记等等。他们还在杭州设庄，通过茶行收购，抢占茶叶市场的先机。每年，经由杭州转运到全国各地的茶叶数量相当可观。

翁隆盛茶号虽然后继无人，但是杭州因龙井茶成了全国茶叶贸易重地。而清代的杭州，既是浙北地区商品的集散中心，也是大运河南方的货物集散地；其水陆路与全国各地相连，通过海路还可到达日本等国，经济发展已达较高水平。到清代中期，我国封建社会中资本主义萌芽有了显著发展。杭州工商业得到迅速发展，以杭扇与张小泉剪刀为代表的杭州手工艺品制作精良，驰名中外。

到清末时，浙江地区的金融势力在我国银行业形成与发展中发挥了重要作用，是其后"江浙财阀"的主力。清光绪三十三年（1907），浙江兴业银行在杭州成立，是我国当时最大的民族资本银行。光绪二十年（1894）

张小泉店铺

甲午战争之后,杭州被辟为通商口岸,在拱宸桥地区开设杭州海关。杭州早期现代化开始起步,相继涌现出丝绸厂、棉纺织厂、机器制造厂和火力发电厂、造纸厂、火柴厂、面粉厂等近代工业,标志着杭州近代民族工业的诞生。

参考文献

1. 陈宗懋、杨亚军主编：《中国茶叶词典》，上海文化出版社，2013年。
2. 〔明〕田艺蘅：《煮泉小品》，中华书局，1991年。
3. 〔明〕高濂：《四时幽赏录》，《武林掌故丛编》影印本。
4. 〔清〕陈撰：《玉几山房听雨录》，张氏约园抄本，1912年。
5. 〔唐〕陆羽：《茶经》，文渊阁《四库全书》影印本。
6. 〔清〕沈涛：《交翠轩笔记》，《聚学轩丛书》影印本。
7. 〔宋〕吴自牧：《梦粱录》，文渊阁《四库全书》影印本。
8. 吴建：《江南人文景观视角下的康乾南巡研究》，苏州大学博士学位论文，2017年。
9. 箬溪：《龙井——茶中极品》，《杭州商学院学报》1981年第4期。
10. 钱时霖、钱胜昔：《龙井茶诗话》，《农业考古》2013年第2期。
11. 程雅倩、彭光华：《明代以来西湖龙井成为名茶的原因探析》，《农业考古》2016年第5期。
12. 俞其坤、宿迷菊：《清代茶叶贸易兴衰初探》，《中国茶叶加工》2007年第2期。
13. 陶德臣：《清代及民国时期浙江茶叶初级市场与出口茶埠变迁》，《浙江树人大学学报》（人文社会科学版）2011年第1期。

兴盛的清代杭州慈善业

梗概：清代，杭州出了一个首富胡雪岩，但是杭州人盛传的是胡大善人以及他创办的胡庆余堂。同时期，绅士慈善家丁氏一族，创办了有中国最大慈善组织之称的"杭州善举联合体"，并带动绅士们创办大量民间慈善组织。

杭州的慈善组织发展到清代，民间慈善业已经十分成熟，从而出现了民间慈善活动的兴盛局面。

清朝，在太平天国战争中，杭州受到重创。

同治三年（1864）二月二十四日，左宗棠率湘军收复杭州。

走在这个战后的杭州城里，曾经最繁华的涌金门和吴山脚下，大多数官署民宅仅剩焦黑的墙壁，这座城池满目疮痍。有个少年混在饥饿的难民中，不知道到什么地方去填饱肚子，更不知道去哪里可以过夜。突然，人群嘈乱，有人叫道："有粥吃了！有粥吃了！"一下子，大家都闻到白粥飘散在空中的香气。难道是附近寺庙的和尚终于凑足了粮食，开始布粥了？

"是阜康钱庄在布粥。"有人说。

"太好了,太好了,晚上有地方睡了。阜康钱庄设了个难民局。"

大家吃了白粥,顿时有了力气,激烈地交流自己得到的信息。"城里开始设善堂,老人孩子都可以去善堂领救济金。""你可以继续读书了,城里也开始设义塾了。""你腿烧伤了,也有地方去看郎中了,说是城里设了个医局。"

"这都是谁做的?是庙里的菩萨吗?"得了好消息,大家开始打听是哪个大户做这好事。话说这次战争,太多的大户都家破人亡了,杭州那么多名胜寺院都破败了。

大家正在七嘴八舌猜测着,突然看到一支队伍敲锣打鼓地走来。"这是干什么?"

这支队伍直接朝着这群身着破烂的乞丐走来,居然从箱子里取出铜钱和棉衣。"真是见到活菩萨了!"有个老乞丐跪在地上哭泣着。"不要谢活菩萨。这是阜康钱庄的胡大善人送给你们的。"有人回了那老乞丐一句。等队伍离开,大家发现每个人拿到棉衣一件又钱二百文。一时间,所有托钵乞讨的人群流着眼泪,不停地称颂:"胡大善人!胡大善人!"

少年穿着这土布棉衣,手里攥着这铜钱,感觉自己的生活,又有希望了。自己又可以和以前一样,有饭吃,有衣服穿,有正常的生活可以过了。他激动地穿过几条巷子,透过那些破烂窗子里的光,可以看到委身于巷子里的小老百姓,那些小破屋子里的寒士,都举着火把站到了门口,大声称颂:"胡大善人!胡大善人!"少年

胡雪岩故居

心想："胡大善人是谁？谁是胡大善人？"

少年忍不住朝着阜康钱庄跑去。

阜康钱庄早就被一群人围得水泄不通。少年爬到附近的树上，只见钱庄门口站着一位男子，向着众人作揖，声音洪亮："各位乡亲父老，不要谢我胡雪岩，这都是左宗棠左大人给我们杭州人的恩泽。"

人们听到此言，并没有离去，更多的人聚集过来，

清代杭州：人文渊薮

有些人甚至在他面前哭泣了起来。

那时候，杭州人不叫他胡雪岩，而是叫"胡大善人"。

因为太平天国运动的战火毁坏了杭州城里许多桥，其中就有杭州的登云桥。这座桥始建于宋朝，明朝嘉靖年间重建，北面为贡院，每次秋闱发榜，中举之人去往布政使赴宴都会经过这座桥，平步青云时经过的桥便被命名为了登云桥。清军收复杭城后，胡雪岩出资修复了这座桥。除了登云桥，胡雪岩还修建了杭州的新江桥和

登云桥旁的寒门入仕雕塑

五乡碶石桥。而寺庙在战火中也有毁坏，胡雪岩还捐修了伏虎庙、"王坟"、灵隐寺等好几座杭州寺庙。

当时，百废待兴。杭州的钱塘江沟通南北两岸，是交通要道。有个别摆渡人便借机勒索，祸害众人；还有贪财的渡夫，行船一次总想人数多多益善，遇上大风大浪，常有船覆人溺的悲剧发生。鉴于此，胡雪岩请命左宗棠创设钱塘义渡，并率先捐钱万串。

对杭州，胡雪岩广行善举。

第二次听到众人大喊"胡大善人"是光绪四年（1878）春天。

当时，街上和巷子里很多人大喊："快去元宝街，那里起大门楼呢！"

贡院旧址上现今为杭州高级中学贡院校区

"起大门楼是光宗耀祖的事情，这在杭州城里是不常见的事情。因为起了这座门楼，浙江巡抚都得在大门外下轿。"有位长者说道。

"这又是为什么？"好奇的人还不止一个。

"因为皇太后赐封的是正一品，巡抚的品秩也不过是正二品。所以巡抚经过这里也得下轿子。"

"是谁啊？谁家起大门楼？谁家夫人被当今皇太后赐封了一品诰命夫人？"

"是胡大善人的母亲，得了正一品的封典。"

所有人听了，都又惊又喜。大家都知道胡大善人爱做善事，但也不过是个商人。没想到胡大善人的母亲来头那么大，做的什么事情，让当今皇帝和皇太后都知道了？

元宝街上的胡家大宅子里，胡家老太太也在奇怪："儿子，你老实说，你用为娘的名义到底做了什么，居然惊动了当今皇太后，封娘为一品诰命夫人？"

此时，胡家上下一团喜气，就是胡家老太太惊多于喜。还不等胡雪岩上前解释，早就有二掌柜的拿着账单，跪在老太太面前，一五一十地说道：

"左宗棠大人出征陕甘时，老夫人您捐赠了'飞轮开花炮'。左宗棠大人称此开花炮精致灵便迥异寻常！"

胡母愣住了："什么飞轮开花炮？"

大家只是抿着嘴笑。

胡雪岩笑着说："娘，这是种洋炮。"

二掌柜继续念道："左宗棠大人出征新疆时，老夫人您捐赠了'飞龙夺命丹'等丸散药品。"

"飞龙夺命丹又是什么玩意？"

一屋子的人继续抿着嘴笑。

二掌柜回道："这是我们胡庆余堂的药，救人的。"

老太太点点头："救人的，那就是应该的。"

"左宗棠大人出任两江总督，奉中央命令赈济山东水灾。当时财政无钱，老夫人您垫付了20万两。"

老太太点点头，猛一惊："我哪里有 20 万两白银？那么多钱，不会搞错吧……"

屋子的人只笑着不搭腔。

"丁戊年北方奇荒，饿死上千万人。老夫人您为陕西捐银 5 万两，为河南、山西各捐银 1.5 万两，为山东捐银 2 万两，制钱 3100 串，另有新棉衣 3 万件，合计银钱、米价、棉衣及水陆运解脚价，估计已在 20 万两内外。"

老太太点点头，担忧地说："儿子啊，又是 20 万两白银。不会搞错吧，我们有那么多钱吗？"

众人听了哈哈大笑。有贴身丫头对胡家老太太说："恭喜老祖宗，我家老爷是大清朝的首富。"

老太太一扭头："首富这名头可不怎么好。"

二掌柜接口说："老夫人，您是我们大清朝的首善。因为老爷以您的名义四处捐赠呢。"

老太太呵呵笑道："首善，你们都来当当。这个名头好。"

二掌柜看了看手里的账本，问："还有数目没念上呢，大家还听吗？"

"听——"连外屋都传来了声音。

二掌柜笑着说："在抗沙俄入侵的卫国之役中，老夫人您为左宗棠大人率领的西征大军筹集了巨额的军饷，援助了大量的供给和药物，既解了西征大军缺粮、缺枪、缺药的燃眉之急，又显示了我们大清国军人出众的才能。所以，左宗棠大人报告朝廷说：'其好义之诚用情之挚如此，察看绅富独力呈捐，无如其多者。'"

老太太说："明白了，这一品夫人是封给大清朝首善的。那么，儿子你呢？"

二掌柜继续念道："左宗棠大人会同陕西巡抚谭钟麟大人，联衔出奏，请破格奖叙道员胡光墉。当今皇帝封老爷官至江西候补道，衔至布政使，阶至头品顶戴，服至黄马褂。"

老太太乐得合不拢嘴了，拉着儿子胡雪岩的手，说道："谁能想到你一个做小贩起家的，如今能给胡家带来如此风光。这个首善，为娘为你当着。你当继续多做善事，多为国家捐款。"

胡雪岩也知道，这是自己一生的高光时刻。若是把这荣耀延续下去，一切必得从胡家的药店开始。

开了众多钱庄的胡雪岩，早在同治十三年（1874）就创办了胡庆余堂中药店。号称"江南药王府"的"庆余堂雪记国药号"，百姓习惯称它"胡庆余堂"。

胡雪岩高薪聘请了各地有真才实学的名医药师，广泛搜集民间的名方良帖，严格选用地道药材配制中成药。为了保证药品的质量，他不惜工本，耗费黄金133克、白银1835克，铸成制药用的金铲银锅。名医药师们又经过潜心研究，去伪存真精心配制，成功地推出了"十全大补丸""全鹿丸""胡氏辟瘟丹""诸葛行军散"等40余种丸丹膏散胶露油酒等中成药。

胡庆余堂经营大厅

  胡雪岩亲自手书了"戒欺"和"真不二价"的匾额，高悬店内，作为店训。他把"为人不可贪，为商不可奸，经商重信义，无德不成商"作为自己的人生信条。他还特地在店堂当中设一大香炉，凡遇到顾客不满意、质量不合格的药品，立即当众投入炉中焚烧，并给顾客另配好药，让顾客称心满意。

  很快，大家都知道胡庆余堂采购药材的店规相当严格：驴皮必购自河北新集、山东濮县；山药、生地、牛膝非淮河流域不取；当归、党参、黄芪必去秦陇采办；麝香、贝母则以云贵川为上；制作全鹿丸之前，必抬着活的鹿走街串巷，先示众后宰杀再制药。

胡大善人每到暑天，必安排员工煮大量的解暑药茶，免费供应市民。到吴山寺庙进香的香客来自各地。当胡雪岩听说有一批香客的家乡发生瘟疫后，马上委托他们带上胡庆余堂的辟瘟丹和痧药，送给那里的村民。据记载，从光绪元年至光绪四年（1875—1878），胡庆余堂仅免费送药一项耗资就高达十余万两白银。受惠的群众都赞扬胡庆余堂是保一方平安的"积善堂"。

很快，胡庆余堂的金字招牌赶上了北京的"同仁堂"，成为当时中国最有名的两家药业名店之一，"北有同仁堂，南有庆余堂"。

光绪九年（1883），胡雪岩惨遭破产。在官场斗争中，胡雪岩成了牺牲品。但是，胡大善人的名声和胡庆余堂的招牌在民间传了下来。

杭州的慈善组织发展到清代，民间慈善业已经十分成熟。在清代，以胡雪岩为代表的商人在杭州所行的慈善活动意义重大，是民间慈善业发展的重要力量。同时，杭州的士绅们也没有袖手旁观。

如果说起清代杭州商人慈善家绕不开胡雪岩，那么谈到清代杭州士绅慈善家就不得不提及丁氏家族。以丁丙、丁申、丁午、丁立诚、丁仁、丁三在、丁立中为代表的丁氏家族是晚清时期杭州的文人世家代表。这一家族是藏书世家，是中国现代工业先驱，更是中国历史上最大的慈善家之一。

在清中后期，以丁丙为代表的杭州士绅创办了有中国最大慈善组织之称的"杭州善举联合体"。杭州善举联合体共有约27个机构，以普济堂、同善堂和育婴堂为核心。这个组织不仅具备传统的慈善救济功能，如收留流民、施粥布药；还有社会保障功能，如建立义塾；就连政府行政职能也具备，如建立了救火义集、借钱局、保甲局等等。

丁氏家族对杭州贡献颇大，主要体现在基础设施修建、书院及祠堂修复。丁丙整合各方资源，先后重建了宝善桥、庆春桥，还修建了万安桥、横河桥；疏浚了西湖、北湖、南湖、临平湖等；开浚了驻防营河道、西溪河等；修建了海昌堤坝、转塘等；重修了湖心亭；修复了钱塘县学、杭州府学和仁和县学，以及崇义书院、敷文书院、紫阳书院和诂经精舍；设立了丁祭局，以恢复祭孔之礼；还修复了钱王祠、孙惟信墓等祠墓。

丁丙主持杭州善举联合体长达三十年，是晚清杭州善举事业的最高负责人，为清代杭州民间慈善业的发展立下了汗马功劳。他深得当局信任，咸丰十年（1860），左宗棠任浙江巡抚时，将几乎能作为政府全部社会事务替身的慈善事业托付给了丁丙。这既是丁丙的荣光，也是丁氏一族的荣光，是清代杭州慈善业之幸，更是清时杭州百姓之幸。

清代，在丁氏一族等士绅慈善家的带领下，杭州的善会、善堂一类的民间慈善组织大量出现。其涵盖的领域广泛，职能划分细致。保婴会、留婴堂、接婴堂专门负责收养救助婴孩；儒寡会、清节堂等专门负责帮助贞女节妇；施棺所、掩埋局、葬会等负责丧葬；养老堂负责照顾孤寡老人；同善局、同春会等负责接济贫困人家；施药局负责提供医药；还有负责救生的、爱惜纸张的等等；更有集多种功能于一体的综合性组织。这些慈善组织范围十分宽广，功能十分齐备，基本上涵括了社会福利中所需救济的各个方面。

明代的民间慈善活动还只是刚刚起步，无论其内容，还是涉及的社会面都比较狭小；这种情况，只有到清代才得到改观，杭州因此出现了民间慈善活动的兴盛局面。

参考文献

1. 王卫平、黄鸿山：《中国古代传统社会保障与慈善事业——以明清时期为重点的考察》，群言出版社，2004年。
2. 〔清〕龚嘉儁修、李榕纂：《杭州府志》，民国十一年（1922）铅印本。
3. 〔民国〕陈培珽修、潘秉哲纂：民国《昌化县志》，民国十三年（1924）排印本。
4. 〔民国〕张宗海修、杨士龙纂：民国《萧山县志稿》，民国二十四年（1935）铅印本。
5. 〔清〕田文镜、李卫：《钦颁州县事宜》，同治十二年（1873）羊城书局重刊本。
6. 方福祥：《明清杭嘉湖慈善组织的特征分析——兼论公共领域与市民社会》，《浙江社会科学》2007年第6期。
7. 赵凯杰：《善在官民之间》，浙江大学硕士学位论文，2016年。
8. 覃燕玲：《论清代浙江商人的慈善活动》，西南大学硕士学位论文，2018年。
9. 周膺、吴晶：《晚清绅士的现代性文化书写与城市善治取向——杭州丁氏家族的公共文化建构与城市治理研究》，

《杭州学刊》2018年第4期。

10. 杜高飞：《胡雪岩慈善事业研究》，湖南师范大学硕士学位论文，2015年。

11. 吴晶、周膺：《浙江近代文化转型中的士绅蜕变——以丁丙为中心的丁氏家族考察》，《浙江学刊》2016年第6期。

江南人文大本营

梗概：清朝末年，在新旧思想交替中，杭州出现了"在清代三百年学术史中没有第二个人"的章太炎，生前名号无数，伴随他最久的是"神经病"和"章疯子"，却自认为医学第一。身后，众多名家还为其更胜国学大师还是革命家，争议不休。

清代时期的杭州，可谓江南人文大本营，四大书院久负盛名，培养出众多学者名士。文坛兴盛，人才辈出。源远流长的杭州诗坛经千年演化发展，至清代已蔚为大观，涌现出众多名家与流派，其中著名思想文化先驱龚自珍被誉为"中国的但丁"。西泠印社聚集了一流金石书画名家，号称"天下第一名社"，是海内外历史最久，成就最高，影响最广的印学书画民间团体。

1913年，江西省、江苏省、安徽省、上海市、广东省、福建省、湖南省、四川省等一度脱离北洋政府独立。三个月后，北洋军击溃各地革命势力。

一位男士急匆匆地下楼，奔出家门。

追在身后的女子还穿着蜜月期的红嫁衣，大喊了

西泠印社

一声。

那男子回道:"不入虎穴,焉得虎子。"头也不回地跑出了院子。

女子只能唤上仆人,叫了一辆马车追上去。等女子赶到大街上,只见人头攒动的大街上,早已不见了那男子的身影。

"太太，先生这是要去哪里？如何这般着急？"仆人忍不住问。

女子指了下前方："去火车站，他是要从上海跑去北平。"

仆人更是好奇："这大冷天，北平只怕更冷。先生穿得那么单薄，如何跑得到北平？"

女子说："你不知道先生的脾气，他现在哪里还感觉到冷？"

两人赶到火车站，火车正好开出。女子只得连连跺脚。

这时的北平天气异常寒冷。那男子足蹬一双破棉靴，穿一领油油的羊皮袄，手中绰一把鹅毛扇，扇下坠吊着一枚景泰蓝大勋章，直往总统府里闯。门卫当场架起了枪，拦住了那男子。

"先生请出示名片。"

没想到这位戴眼镜的男子白眼一翻，大声道："谁人不知，哪个不晓，我是在上海坐过三年西牢的'章神经'！"

警卫连忙把这位男子带到接待室。没多久，只见国务总理熊希龄推开接待室的门，走了进去。没多久，熊希龄走了出来，这男子依旧待在接待室里。又过了一阵子，副部长向瑞琨走过来，推开接待室的门，走了进去。

没多久，向瑞琨走了出来，这男子依旧待在接待室里。几个警卫也交头接耳，议论纷纷。

"这是谁啊？架势那么大，还赖着不走？"

就听接待室里传来一阵骂声，正是这男子的声音，在大骂："向瑞琨，一个乳臭未干的小孩子见得，难道我见不得？"说罢径直走出接待室，要往总统府办公楼里闯。几个警卫连忙阻拦。没想到这位男子劲还很大，双方立刻起了冲突。毕竟是警卫人多，几个人架起男子，把他按到接待室。没想到这男子还不甘心，居然操起桌上的花瓶朝大总统画像猛力掷去。

大家吓得目瞪口呆。此人是谁？连袁世凯的画像也不放在眼里。

大总统袁世凯还就没出来接见这位男子。

男子索性吃喝在接待室。总统府那些人就当没看到。就这么待了几天后，警卫们更好奇了，这事情最终会发展成什么样子呢？

这时，一位前清翰林秦某拿着一个小箱子，走进了接待室。

警卫好奇："这是谁，为什么还拿着小箱子？"

原来这拿着小箱子的人是陆建章的秘书秦某，他走进接待室，从怀里掏出五百元钱，放在桌上。

警卫们透过接待室的窗户好奇地偷看。只见这位男子站起身来，将钱扔到了秦某的脸上，并瞪着眼睛斥责道:"袁奴速去!"秦某吓得落荒而逃。

"这到底是谁啊?"几个警卫更是好奇。

就这样住在接待室里,这男人好像一点要走的意思也没有。但是警卫们经常看到他怒气冲天地咆哮,甚至写下"袁世凯"三字,以掌击之,也曾写"死耳"二字赠人。

"这搁在清朝都是凌迟的罪啊!"警卫吓坏了,报告给上级。没多久就传来袁世凯的话:"彼一疯子,我何必与之认真也!"

这到底是什么人,如此大胆!

这就是浙江余杭人章太炎,被誉为"在清代三百年学术史中没有第二个人"的国学大师。

一位国学大师怎么跑到北平斗袁世凯了?

因为章太炎一生"特立独行",有"近代民族主义伟人""国学界之泰斗""民国伟人""鼓吹革命之大文豪""革命家之巨子""新中国之卢骚(梭)""学术宗师""狂生""名士""异端""在野党领袖""学阀""反动分子""神经病""章疯子"等无数名号。而伴随他一生最久的还是"神经病"和"章疯子"这两个大号!

在中国近代著名学者中,传记作家许寿裳说章太炎是"在清代三百年学术史中没有第二个人"。这并未过誉,回顾章太炎的学术成果,堪配"国学泰斗"的称号。

章太炎师从俞樾修习儒学,批判性极强,学术上他持古文派立场，强调以诸子为中心的多元学术史观；具体到对待孔子的态度，他反对康有为尊孔，排斥尊儒学为国教、奉孔子为主教的做法，其尊孔与非孔都在这两个语境之中。章太炎希望从传统文化中找到救亡的良药，呼吁国人珍爱历史、珍爱传统文化，切勿笃信孔教。

他在学术领域涉猎范围很广且颇有建树。他及弟子黄侃、再传弟子范文澜是文学史及历代文论作品研究的源头；现代中国史学研究中的重大问题，如人类起源、中国人种来历都可追溯到章太炎的思考，或其弟子、再传弟子的工作；再者，章太炎在哲学领域的成就也具有不可忽视的重要性，他批判地继承了中西古典哲学，这是现代中国哲学史上浓墨重彩的一笔；还有，现代中国语言文字训诂、音韵的开创者就是章太炎及其弟子、再传弟子、三传和四传弟子；最后，社会学，这一学科的名称便是由章太炎及其合作者根据日本学术习惯拟定的，在此之前，社会学一直被译为"群学"。

章太炎对思想界的贡献，不仅在于以学术成果滋养后人，还在于培养了一批弟子，壮大了中国思想界的力量。鲁迅、钱玄同、黄侃、汪东、朱希祖、沈兼士、马裕藻、吴承仕、朱季海，无论哪一个都是中国思想界的顶梁柱。他们如同章太炎的分身，继承了老师不同的部分。章太炎如同中国思想界的一颗生命力极强的种子，经历萌芽、生长，长成了一株茁壮的植物，还带动整片森林的蓬勃生机。

黄侃评价其师章太炎："文辞训诂，集清儒之大成；内典玄言，阐晋唐之遗绪；博综兼擅，实命世之大儒。"

于右任称赞章太炎说："章太炎，中国近代之大文豪，而亦革命家之巨子也。"

张中行评价章太炎："总的印象是：学问方面，深，奇；为人方面，正，强。"

柳亚子曾盛赞章太炎："悲歌叱咤风云气，此是中原玛志尼（意大利著名的资产阶级革命家）！"

蔡元培评价章太炎："这时代的国学大家里面，认真研究哲学，得到一个标准，来批评各家哲学的，是余杭章炳麟。"

梁启超在《清代学术概论》中称章太炎为清学正统派的"殿军"。

胡适在《五十年来中国之文学》中说："章炳麟的古文学是五十年来的第一作家，这是无可疑的。但他的成绩只够替古文学做一个很光荣的下场，仍旧不能救古文学的必死之症，仍旧不能做到那'取千年朽蠹之余，反之正则'的盛业。"

曾有人问章太炎："先生的学问是经学第一，还是史学第一？"他笑答："我是医学第一。"

章太炎因为陈存仁学医，所以主动收其为徒。1928年，20岁的陈存仁常替自己的国文老师姚公鹤给章太炎送信。一日，章问其姓名、家世，听说陈存仁日间在丁甘仁处帮助其写药方，晚上从姚公鹤学习国文，很是激动，自称对中医很有研究，也能写药方，并对陈存仁说，要学国学，何不拜他为师？陈存仁喜出望外，当即对章太炎三鞠躬，改称老师。

章太炎学医很勤，常请教自己的学生陈存仁和章次公，但他给别人开的都是仲景古方，别人拿到了药方也不敢照此服用。他还常向一个做铃医（拿着铃铛，走街串巷的游方郎中）的学生请教，因为他认为铃医的单方，都是从经验得来，多少有些价值。

章太炎博览古今医学著作，自认为医术高明，所以很爱替人医病。与朋友见面时，听朋友偶尔说起近来牙痛或患胃病等时，他便要替人诊视，开出药方，并且逼着朋友照方服药。但他用起药来，不计分量，药方中动不动开出一两八钱，因此谁也不敢吃他开的药。

到了中年后，章太炎觉得自己医术更高明了。孩子生了病，他不肯去请大夫，一定要自己为孩子诊治。夫人知其脾气，只好依着他，任他开方子，再等他不注意时，偷偷另请医生前来诊治，并告诉家人，如章太炎问起，就告诉他孩子吃的是他所开的药方。几日后，孩子痊愈了，章太炎便得意地对人说，他的孩子吃了他开的药，病就好了，而且是他一服药治好的。章太炎的朋友凡被他开过药方的，下次再见到他时，也都说吃了他开的方子才治好了。章太炎很高兴，逢人便说，他治病如何灵验，某某的病经他开一服方子便药到病除。听的人明知并非事实，也只有点头唯唯而已。

到了晚年，章太炎为人开药方写的是金文，药店之人不识。章太炎便愤愤然地说："不认识字，还开什么药店！"

虽然章太炎生前并不在意这一切，但是，有感于世人只知章太炎为"国学大师"，鲁迅抱病完成了《关于太炎先生二三事》，指出"我以为先生的业绩，留在革命史上的，实在比在学术史上还要大"，称赞其为"有学问的革命家"。一周后，意犹未尽的他又起笔写作《因太炎先生而想起的二三事》，再申此意。

无独有偶，当年在东京与鲁迅同班的许寿裳，也认为"先师章太炎是革命大家，同时是国学大师"（《纪念先师章太炎先生》），将"革命者"的身份与贡献置于"学问家"之前。

章太炎除了是一位思想界巨擘，还是一位革命家。他是辛亥革命的元勋，同孙中山、黄兴位列"革命三杰"。他一生都在为革命作战，未被任何阻扰绊住前进的步伐。1902年，他逃亡日本时寄身梁启超的《新民丛报》馆，结识了孙中山这位同盟。回国，他便参加了上海爱国社。次年，他顶风发表了《驳康有为论革命书》，又为邹容《革命军》作序，冒犯了清廷的利益，被捕入狱。三年后，他出狱即赴日本参加同盟会，并担任了《民报》主笔，在此期间还参与了国粹主义运动。

纵览章太炎的革命生涯，他是以"文"为手段进行革命的典范，带领了思想与文化的革命，以"文学复古""建立宗教"的主张推动了新文化运动，与旧文化旧思想对抗，动摇了封建统治的思想文化基础。正是因为有了章太炎这样的先驱，民主的潮流才得以在华夏大地上蔓延与奔腾。

杭州这一城市何以诞生出如此巍峨的大师，说来只因这座城市乃是江南人文大本营。说章太炎，不可不说少年时他遵从父亲章濬遗命入的杭州诂经精舍。他的老师、书院院长俞樾在诂经精舍讲学时间长达三十余年，弟子不仅有国学大师章太炎，连西泠印社首任社长吴昌硕都是他的弟子，可以说是弟子三千、一代宗师。

清代，为了南北文化整合，杭州书院由弱转盛，竟至盛极一时，整个杭州府的书院前后共有31所，其中以敷文书院（今万松书院）、崇文书院、紫阳书院、诂经

西泠印社旧观乐楼

精舍四大书院最为闻名。

其中佼佼者敷文书院始建于唐贞元年间（785—805），名报恩寺。明弘治十一年（1498），浙江右参政周木改辟为万松书院。明代理学家王阳明曾在此讲学。清康熙帝为书院题写"浙水敷文"匾额，遂改称为敷文书院。乾隆皇帝六次南巡，每次都在敷文书院召试浙江诸生，拔擢人才。御试中的一、二、三名，后来都被授予内阁中书，赴京任职。纵观科举时代中，采取到书院来御试的形式，"诚隆古以来士林未遇此旷典也"。也就是说在中国的科举史上是前所未有过的。自此敷文书院名声远扬。

康熙四十二年（1703），由两浙都转盐运使高熊征及盐商汪鸣瑞等捐资建造紫阳别墅。乾隆年间，学生多至三百余人。清代著名学者孙衣言曾在此主教，孙衣言的儿子就是晚清著名的经学大师孙诒让。咸丰十一年（1861）书院毁于兵灾，同治四年（1865）重建，并改名为紫阳书院。光绪十八年（1892）改为仁和县高等小学堂，院址为如今的紫阳小学所在地。紫阳书院在城南紫阳山脚，幽径乱石，杂树繁花，最得山林野趣。

崇文书院濒湖而建，环境优美。康熙四十四年（1705）康熙南巡，莅临书院，御题"正学阐教"及"崇文"匾额。从此，崇文书院誉满江南，为清代浙江四大书院之一。乾隆八年（1743），西湖书院并入崇文书院。乾隆二十四年（1759），盐道原夷戴在崇文书院和紫阳书院设膏火，严课程，并遴选委派监院。乾隆期间，著名学者蒋士铨为崇文书院作《杭州崇文书院训士七则》，为生员之讲义与课艺。嘉庆二十五年（1820），林则徐任杭嘉湖道，对崇文书院、敷文书院和紫阳书院贯彻随课升降发津贴的制度。后因太平天国战火，崇文书院被毁，于同治四年（1865）重建。咸丰进士、杭州知府安徽全椒人薛时雨，主持崇文书院达十余年。著名学者戴熙和王国维都曾在书院讲学。

这三大书院都久负盛名，没想到来了一位著名的江苏学者阮元（正是阮公墩纪念的这位阮公）。嘉庆二年（1797），阮元督学浙江。他遴选浙江能够从事经学研究的人，构屋五十间，聚居于孤山之阳，编撰《经籍籑诂》一书。次年八月书成，阮元擢兵部侍郎入都。不久，他又奉命抚浙，于嘉庆六年（1801）正月，在原来修书旧地，建为书院，取名"诂经精舍"，招收历年由浙江十一郡所选拔的优秀生员来精舍读书。同时又在西偏筑第一楼，为生徒游息之所。

阮元创办诂经精舍，与当时浙江的敷文、紫阳等书院以科举考试为目的的办学原则不同，是提倡培养经世致用的人才为主，指导学生研究经义，旁及词赋，多攻古体。精舍所署楹帖有云："公羊传经，司马著史；白虎德论，雕龙文心。"说明其办学宗旨是崇尚汉学，培养经史学术人才。精舍的课试，每月一次，一般由主讲命题。内容是十三经、三史疑义，旁及小学、天部、地理、算法、词章，各听搜讨书传条对，以此来考查学生对知识的掌握情况。书院又先后编刻课艺八集。初编由阮元手订，共十八卷，书名《诂经精舍文集》。以后由罗文俊、俞樾编订至八集，其中共收经史、词赋两千余篇，推动了当时的学术交流和文化的传播。

诂经精舍在办学期间，培养了大批著名学者，如黄以周、朱一新、章炳麟、陈澧等都是诂经精舍出来的佼佼者。李元度《阮文达公事略》说："不十年，上舍士致身通显及撰述成一家言，不可殚述。东南人才，称极盛焉。"事后果然。

杭州的书院如一面面旗帜，在选拔人才上十分谨慎。教员多是有登科和仕途经历者，或是以文章称名一方者。于崇文书院执教的孙嘉乐是乾隆己卯（1759）进士，并有历任多官的资历。紫阳书院的主讲郑虎文曾官左赞善，病归后于书院开坛。再者，如诂经精舍所聘请的孙星衍、俞樾更是赫赫有名的经学大师，德高望重不在话下。

书院高标准选拔不仅针对老师，四大书院对学生的选拔和管理同样十分严格。以诂经精舍为例，创院初始，只有三十二个名额，道光十年（1830）时稍有拓展也不过区区三十六个，对十一个郡的学生来说，名额实在太有限。学子进入书院必须遵守书院自成一派的规矩，这也是各个书院的矜贵之处。紫阳书院重视学生的书法水平，规定读书必先练字，书法得到老师认可后才能开始读书；万松书院则十分重视礼仪，学生们上课前要请老师、拜孔子，下课前要敬茶作揖。经过一代又一代的传承，便沉淀出了各具特色的书院文化。

除了书院文化，清朝时期的杭州，文坛兴盛，人才辈出。源远流长的杭州诗坛，近千年演化发展至清代，蔚为大观，涌现出众多名家与流派，比如著名思想文化先驱龚自珍就被誉为"中国的但丁"。

同时，"天下第一名社"西泠印社在1913年召开成立大会，聚集了一流的艺术家，推举书画篆刻大师吴昌硕为首任社长，印社以"保存金石、研究印学"为宗旨，广集历代名帖碑石、印章、名人字画等。每十周年还举行金石书画展览会，开展收藏、出版等一系列活动。盛名之下，精英云集，李叔同、黄宾虹、马一浮、丰子恺等均为印社社员。杨守敬、康有为等为赞助社员。西泠印社发展一百余年，几乎聚集了全国一流金石书画名家，获得了"天下第一名社"的美誉。西泠印社在中国近现代文化史上具有极为突出的地位，并在日本、韩国产生了巨大影响，促成和推动了周边汉字文化圈内篆刻创作和研究的繁荣，成为海内外历史最久、成就最高、影响最广的印学书画民间团队。2009年，由西泠印社领衔申报的"中国篆刻艺术"成功入选联合国教科文组织《人类非物质文化遗产代表作名录》。

自南宋开创中国文化的"江浙时代"到清代，江南人文大本营的杭州文源深、文脉广、文气足，作为人文渊薮，溢彩流芳，也为近现代文明的发展做了最充足的准备。

参考文献

1. 杭州市教育委员会编纂：《杭州教育志（1028—1949）》，浙江教育出版社，1994年。
2. 汤洪庆：《杭州城市早期现代化研究（1896—1927）》，浙江大学博士学位论文，2009年。
3. 王文章：《明清时期杭州书院教育及其特点——以敷文、崇文、紫阳和诂经精舍四大书院为例》，《浙江外国语学院学报》2017年第2期。
4. 贺俊杰：《林启实业教育思想与实践及其当代价值》，《浙江理工大学学报》2015年第8期。
5. 刘训华：《清末浙江学生群体与近代中国》，上海大学博士学位论文，2010年。
6. 谷雪梅：《传教士在近代浙江的教育活动述略》，《宁波大学学报》（教育科学版）2009年第2期。
7. 程丽红：《清代报人研究》，吉林大学博士学位论文，2007年。
8. 李晓旭：《清末民初江浙地区报纸阅读现象研究》，浙江师范大学硕士学位论文，2015年。
9. 陈兴宇：《晚清白话报载小说研究》，华东师范大学硕士学位论文，2020年。
10. 赵林：《辛亥前后浙江的文化氛围与新文学》，南京大学博士学位论文，2011年。
11. 龚玉和：《教育家蔡元培与杭州》，《浙江教育报》2017年11月10日。

新时代前的现代教育和思想启蒙

梗概：西湖自古葬忠骨。一位父母官去世，杭州人民集体要求葬在西湖边，居然搞起了"争柩事件"。这也是杭州历史上首次出现。

随着科举制的没落，杭州教育改革的呼声日益高涨，杭州知府林启兴办新式学堂，对杭州乃至浙江近代教育起到了奠基作用。20世纪初期，师范学堂、法政学堂、铁路学堂、工业学堂、农业学堂、商业学堂在杭州相继诞生，初等和高等小学堂大量涌现。

杭州人提前接受现代教育。同时，杭州开始兴起开启民智的白话报业，教育兴国，科技强国，传播新思想，为新的时代做好准备。

杭州西湖边，从平湖秋月沿着西湖走，绕过一片梅树林，在后孤山路1号，放鹤亭的东面，有一座飞檐翘角的小楼，叫林社。

林社面对西湖，紧靠湖边。小楼立在高高的台基上，共有两层。房子方方正正的，歇山式的屋顶，六边形的小窗，西式立柱，既有传统的中国味，也点缀了一些西方元素。

在孤山，林社算是一个标志性的建筑，但在整个景区里却又是那么的不显眼，孤山草坪、梅树林、放鹤亭……每个景点都是热热闹闹的有许多游人，唯独林社有些寂寞。几乎很少有人知道，这幢古色古香的建筑，因何而名，为何矗立在此，记录的又是怎样的一段历史。更不知道当年杭州人民要在此建造林社，还和福建人大"干"了一场。

在 1900 年 4 月的一天，一群来自福建侯官（今属福州）的林姓的族人，正抬着棺柩，准备离开杭州，将其先人的遗体运回家乡福建安葬。

突然来了一批学生，围住了这些福建人。

这些学生跪在大街上，放声大哭。这下子把这些福建人搞呆了。这是怎么回事？

这些学生有少年，也有青年，都是红着眼睛，大喊："留步，且留步！"

跟随而来的是这些学生的老师和家长，大家也把这些福建人给围住，齐刷刷跪在大街上，只是哽咽着，说道："留步，且留步。"

其中林姓的族人头领，看到这个阵势，只得起身扶起一位年长的老师，说："人已死去，必定是要和祖宗们同在的，如何能留在杭州？"

在中国传统中，孝有三道，其中死后殡葬是中国人非常重视的。而这些赶来的学生、老师和家长居然希望这群福建林姓族人，将遗体安葬在西湖边。

西湖自古埋忠骨。"归葬湖畔、长眠湖山",西湖自古就是文人雅客、佳人才子、英雄豪杰钟爱的安息之地。杭州人民拿出了这座城市最大的敬意,没想到却被这些福建人拒绝了。被拒绝也就罢了,没想到这些伤心不已的杭州人民还当街跪下了,双方争执不休。

这棺柩中躺着的是谁?如何能引来所有杭州人民的敬意?

说到此人,真正是直至今日也是让所有杭州人民缅怀敬爱之人。他就是清代末期的杭州知府林启。

这群跪地阻拦的杭州人劝阻福建林姓后人,"林启知府是杭州的父母官,希望留葬杭州"。但是,林启死后,如何能不和祖宗们葬在一起?林启家属决意要运柩回福州安葬。这事情双方协商,居然经年而未解决,成为杭州历史上罕见的"争柩事件"。

林启,这位杭州知府到底在杭州做了什么?

话说当时清政府已经意识到危机,开始自上而下地进行教育改革。百日维新时,光绪皇帝下诏废除八股,改为策论。虽然很快被取缔,可改革意义重大。之后,光绪二十七年(1901)"新政"出台,朝廷再次废八股、改策论,还将书院改成学堂,在省城、各府以及直隶州、各州县分别设立大学堂、中学堂、小学堂,并在多地设立蒙养学堂。光绪二十九年十一月二十六日(1904年1月13日),清朝政府颁布《奏定学堂章程》,确立了中国第一个获得实施的近代新学制——癸卯学制。在这一学制的运作下,西方的科学知识得以引进,推动了我国教育事业的发展,这既是时代的产物,又是时代的助推剂。光绪三十一年(1905),清政府终于废除了科举制度，至此，扫除了现代教育事业前途中的一大绊脚石。

幸运的是杭州人提前进入了现代教育模式。这要感谢当时的有识之士林启、廖寿丰和蔡元培，尤其是林启。

光绪二十二年（1896），福建侯官人林启调任杭州知府，成为时任浙江巡抚廖寿丰的属下。两人同为福建人，对旧式书院的不足以及新式学堂、新式思想、新式人才的重要性都有洞见。廖寿丰深感当务之急是振兴西学。在林启的倡导下，光绪二十三年（1897），巡抚廖寿丰奏将杭州的敷文、崇文、紫阳、诂经、学海、东城等六书院，改为专课中西实学之"求是书院"。

求是书院，也就是浙江大学的前身，位于浙江省杭州市上城区大学路（原蒲场巷），是中国近代史上效法西方学制最早创办的几所新式高等学校之一。求是书院的创办，在于激发志气，养成民族意识，进一步灌输西欧新思想，以谋自力更生。光绪二十七年（1901），教育风气大开，"报名者数倍于额"；当时"凡身家清白者，素无习染之子弟，年在十八以上二十五以下者，无论举监生童"，都可报名投考。书院注重"新学"，必修课设有国文、英文、算学、历史、地理、格致（物理）、化学等。

书院延聘美国人王令赓（华名）任总教习（教务长），林启亲自授课、阅卷。学校初办时，经费十分困难，林启裁撤其他旧式书院的"膏火费"予以补助。第二年，又选拔何燮侯等4名高才生赴日本留学；1900年选派18人。其教学的形式和内容俨然是一座现代性学府的配置。

在林启的影响下，当时入求是书院的学生，以"入

浙江大学求是书院

学堂，求西学"，倡导"学术救国"为己任。学生在校内组织"励志社"，每周举小读书会、演讲会，以"砥励品学，促进维新"为目的，发扬爱国民主思想。对外，求是书院的学生积极响应白话报运动，纷纷捐款购买《杭州白话报》，轮流到茶坊酒肆进行讲解，灌输新知识。求是书院的教育目标已转变为培养近代社会所需的各种人才，教育内容也从四书五经转变为促进学生全面发展的各类新课程。

求是书院的诞生，推动了近代中国教育体制的改革，在中国近代教育史上走出了一条独特的成功之路。

除创建求是书院，林启深知，中国还需要大量先进技术人才，教育还需要由实用性知识技能教育转向培养农、工、商实用人才的职业教育。

早在林启任京都御史时，曾奏请提倡植棉。后他来到杭州，目睹民间养蚕连年歉收，认为振兴实业应以养蚕为首要，职业教育刻不容缓，即条陈设蚕学馆，他在《请筹款创设养蚕学堂禀》中写道："按中国出洋出货，以蚕丝为最，蚕丝以江浙为最，浙中以杭嘉湖为最。就时局而言，为中国之权利；就王政而言，为百姓之生计；就新法而言，为本源中之本源；就浙省而言，为切要中之切要。"林启的办学思想和要求，很快得到廖寿丰赞同，也得到开明士绅的支持。

光绪二十三年（1897）七月，林启在西湖畔的金沙港创办了蚕学馆，自兼总办。蚕学馆学制三年，设有十九门近代科学课程及显微镜操作等，全国招生；兼主事育种、推广科学养蚕技术、出版蚕业科技知识的书籍，促进了小至浙江，大至全国的蚕丝业、蚕业教育的发展。

这是中国人自己创办的中国近代第一所官办纺织学校，也是全国农业教育的领导机构，它的创办开启了我国近代纺织教育的帷幕。

为创立学校，林启向多位杭州著名士绅寻求帮助，如请求汪康年（曾在张之洞家担任家庭教师，1897年与同人设立务农会，创办《农会报》；后成为英国人创办的《中外日报》发行人）搜寻日本蚕学资料、蚕务学堂的资料，并向汪康年、汤寿潜（清末民初实业家和政治活动家）征寻人才培养的意见。

学校建立起来之后，林启为了充实和加强师资力量亦是不辞辛劳。他既延请"浙江出国留学，研习蚕桑之第一人"江生金担任总教习，又延请日本颇有声望的养蚕技师轰木长太郎担任总教习。林启还自己培养生力军，送嵇侃和汪有龄二人赴日学习，学成归国后亦成为蚕学馆的教授。这是清末浙省官派的第一批留日学生，开我国近代留学日本之先河。

林启兴办蚕学馆，大力开展科技教育以发展浙省经济，以先进的教育方法打破了传统的传经论道的教育方式。全国各地纷纷效仿，开办蚕校成一时之风，他被誉为"开全国蚕桑改良之先声"。

蚕学馆建立的第二年，也就是光绪二十四年（1898），戊戌政变失败，各地仍有不少进步人士以各种形式开设"新学"。林启于这一年筹备养正书塾。

"养正"语出《易经·蒙卦》："蒙以养正，圣功也。""蒙以养正"就是教育人养成正气，做一个像文天祥、于谦那样品德高尚的志士仁人，这种教人走正道的育德工作就是"圣功"，是神圣不可侵犯的事业。当时不用"学堂"而沿用书塾，是因慈禧有办学禁诏，不得不避而迁就。

养正书塾于第二年，即光绪二十五年（1899）五月正式开学，由林启自兼总理。这是浙省最早的官办普通中学，开启浙省普通教育的先河。书塾虽仍设有封建时代的课程，但更多的是自然的、社会的、求应用的近代课程，教育方法也重在使学生理解，是一种启发式教育，所以它已不再是旧的、封建时代的书塾，而属于近代资本主义性质的普通中学了。教师中有陈叔通、汪希、魏易等名家。光绪二十七年（1901）十一月，养正书塾改为杭州府中学堂。后改为省立一中。之后省立一中与前身为浙江省两级师范学堂的浙江省立第一师范学校合并，逐渐改制嬗变为今日的浙江省杭州高级中学（简称杭高）。

清代朝廷一度借口防范革命党人潜伏，禁止国内新办学堂。当时浙江巡抚张曾敫也表赞同。林启为保住亲自创办的三所学校，愿以全家生命来担保校中无革命党人。张曾敭为林启精神所感动，据此奏闻，三校不但未停办，且有所发展。

林启在杭州就任五年，创办了浙省三所名校，开启了浙省大学教育、中学教育与职业教育三足鼎立的局面，促进了浙江教育的近代化。

光绪二十六年四月二十四日（1900年5月22日），林启病卒于任内，其家属拟运柩回福州安葬。杭州人民感恩于林启，认为当地父母官当留葬杭州。又因为林启生前有"为我名山留片席，看人宦海渡云帆"的诗句，林家子孙才同意将林启安葬于西湖孤山放鹤亭附近，并建一座"林社"。社中塑有林启遗像，每年农历四月二十四日定为社祭日，杭州各学校师生均前往祭奠。

在助推杭州的现代教育上，蔡元培也为杭州贡献过力量。早在义和团运动时，于绍兴学堂执教的蔡元培时常到杭州公干，并结识了一帮朋友。从绍兴学堂离职后，他便到杭州施展拳脚，筹办师范学堂。后来，由林文铮主理的杭州国立艺术院（后为国立艺专），得到蔡元培的鼎力支持。

杭州的近代教育，在清代除了国人自办的书塾外，还有由杭州传教士创办的义塾，如设立在杭州上皮市巷的育英义塾便在此列。传教士创办的教会学校是浙江首批讲授西学的学校，这些学校引进许多新式课程，如数学、化学、地理、音乐和体育等，为我国学校的课程设置带来了新鲜的气息，传播自然科学知识的同时还培养了新式人才。再者，教会学校还革新了教学方法。西方传教士普遍认为科学和数学是训练学生推理能力所不能缺少的，由他们所办的教会学校除开设大量与基督教有关的

蔡元培像

课程外，还开设了许多介绍西方科学文化的新式课程，如数学、物理、化学、医学、地理、音乐和体育等。这些课程的开设，不仅传播了西方自然科学知识，也培养了一些科学人才，为浙江近代教育的转化起到了某些示范作用。课程设置、教学方式都是实践层面，教会学校在教育观念上的影响更深远。更有意义的是传教士创立了浙江第一批女子学校，为女性搭建了接受教育的平台，捍卫了女性的权利，促进了女性解放与女子教育的发展。

清代，杭州较早地拉开现代教育的序幕，除了有开明的清朝政府官员，传播新思想的人文环境也功不可没。

在清代，国内办报浪潮兴起。清末，中国正处于社会转型的关键期，在经历了一次次政治制度变革的失败后，当时的有识之士将目光转移到了提高民众认知度和改造民众的思想上，他们认为报刊兼具反应敏捷、传播迅速、影响范围大的特点，且在一定程度上引导着社会舆论，是较为理想的"开民智"的工具。在所办报纸中，定位普通老百姓的白话报成了志士们传播新思想的工具，并达到事半功倍的效果。

杭州历来是文化之都，关涉文化的事总少不了它的身影，办白话报也不例外。

1901年，《杭州白话报》由杭州安定学堂的监督项兰生（项藻馨）在杭州创刊。在前期以变法改良、开民智为宗旨，后期以"革命"为宗旨的驱动下，《杭州白话报》采用通俗易懂的白话文，立场鲜明地对中外重大事件进行评说，肩负起思想启蒙的重任，致力于成就新国民、新社会，推动社会运动发展。

《杭州白话报》为了推进社会运动，将宣讲、讲报、演说及民间戏曲等形式结合社会事件，如义和团运动、反洋教运动、反赔款运动等，达到办报和推进社会运动紧密结合并相互推进的目的。

《杭州白话报》不仅有以教育规劝为目的，劝人识字、善待仆佣、提倡自由恋爱、移风易俗的栏目；有以普及知识为目的引导读者关注生活细节的栏目；更有从故事角度切入，发挥教化功能的小说栏目。《杭州白话报》的连载小说在开启民智和提升女性地位两方面影响颇大。此后，各地白话报前赴后继，纷纷效仿。可见这一行为在晚期报业中号召力之大。其"小说救国论"的思想得到各路志士的响应，为之后"小说界革命"奠定了坚实的群众基础。

《杭州白话报》是杭州报业开民智的代表，它以独特的方式为新思想吹响了号角，为思想变革提供了平台。

清代末年，在大变局来临，新旧交替之际，借助提升国民素质的现代教育和开启民智的现代传播业，杭州这座城市里提前生发出革新风气，也加速推动了新时代的到来。

参考文献

1. 汤洪庆：《杭州城市早期现代化研究（1896—1927）》，浙江大学博士学位论文，2009年。

2. 贺俊杰：《林启实业教育思想与实践及其当代价值》，《浙江理工大学学报》2015年第8期。

3. 龚玉和：《教育家蔡元培与杭州》，《浙江教育报》2017年11月10日。

4. 谷雪梅：《传教士在近代浙江的教育活动述略》，《宁波大学学报》（教育科学版）2009年第2期。

5. 李晓旭：《清末民初江浙地区报纸阅读现象研究》，浙江师范大学硕士学位论文，2015年。

6. 陈兴宇：《晚清白话报载小说研究》，华东师范大学硕士学位论文，2020年。

7. 赵林：《辛亥前后浙江的文化氛围与新文学》，南京大学博士学位论文，2011年。

丛书编辑部

艾晓静　包可汗　安蓉泉　李方存　杨　流
杨海燕　肖华燕　吴云倩　何晓原　张美虎
陈　波　陈炯磊　尚佐文　周小忠　胡征宇
姜青青　钱登科　郭泰鸿　陶文杰　潘韶京
（按姓氏笔画排序）

特别鸣谢

顾志兴　杜正贤　楼毅生（系列专家组）
魏皓奔　赵一新　孙玉卿（综合专家组）
夏　烈　陈歆耕（文艺评论家审读组）

图片作者

叶建华　刘浩源　何光华　张闻涛　武　超
胡　鉴　韩　盛　潘海松　魏志阳
（按姓氏笔画排序）